スタッフの
モチベーションが
アップする!

繁盛店の店長・リーダーがしている

朝礼のスピーチ

(株)スピーキングエッセイ 著

同文舘出版

✧はじめに

「お店を繁盛店にしたい！」「活気のある職場にしたい！」

店長や管理職、職場のリーダーなら、こう願わない方はいないでしょう。そして、そのために日々、さまざまな努力を重ねていることと思います。

どの店でもできる、職場を活性化させる大きなチャンスがあります。それは「朝礼」です。

朝礼は、職場のコミュニケーションの場として、また、仕事に取り組むうえで大きな役割、そして影響力を持っています。朝礼がしっかりと効果的にできるかどうかが、売上げの向上、人材の育成、そしてビジネス成功のカギなのです。

しかし、そこに気づいている店長、リーダーは多くはありません。多くの人が「定例だから、習慣だから」と、なんとなく朝礼を行なっています。これは本当にもったいないことです。筆者は、研修講師として数多くの企業、店舗で朝礼の運営やスピーチ指導にあたってきました。その経験から、朝礼に活気がなく工夫もない職場では、スタッフも元気がなく売上げも上がらない、ということを実感しています。

みんながイキイキと、やりがいを持って働ける職場のためには、まず店長、リーダーが朝礼の重要性に気づくことです。ぜひ、本書を活用し、あなたのお店、職場を変えてください。

Contents

スタッフのモチベーションがアップする!

繁盛店の店長・リーダーがしている朝礼のスピーチ

2章 スタッフの心を動かすスピーチをしよう

3章 スピーチの「型」をマスターしよう

4章 話材の切り口と広げ方

5章
話材の見つけ方

6章 スピーチ指導でお店のモチベーションをアップする

7章 店以外でのスピーチを強化しよう

表紙デザイン◎ムーブ（新田由起子）
本文デザイン・DTP◎ムーブ

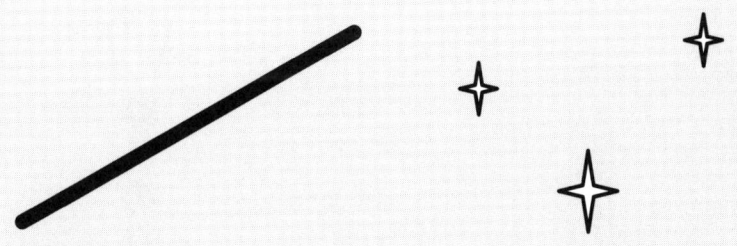

❶章

朝礼があなたの店を活性化する！

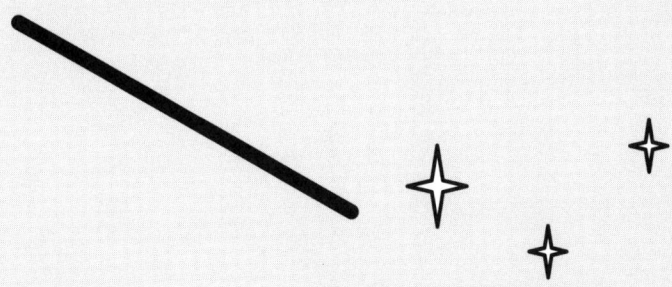

朝礼の役割を確認しよう

あなたのお店、職場では朝礼を行なっていますか？

小売・サービス業であれば、多くのお店で開店時間前に朝礼を行なっていると思います。毎日行なうところもあれば、週に数回、または終業前に行なうところもあるでしょう。いずれにしても職場のメンバーが集まり、ミーティングする時間は、欠かせないものです。

しかし、この朝礼の時間を上手に活用できていない職場が少なくありません。

そういう職場では、メンバーの間からこんなささやきが聞こえてきます。

「朝礼の時間ってムダだよね。なくてもいいのに……」「しょうがないよ、そういう決まりなんだから、よその店だってやってるし」

「店長の話がつまらなくて、うんざり……」「しょうがないよ、そういう人なんだから、ガマン、ガマン」

そして、そのような職場の店長、リーダーもまた、こう思っています。

「また朝礼か、面倒だな。しょうがない、それも仕事のうちだから。業務連絡をして適当に話をしておけばいいよね」

もし、ほんの少しでもこんな思いがメンバーの間に、そして店長にあったとしたら……。ささいなことかもしれませんが、それは大きな問題です。

なぜかというと、朝礼がうまくいっていないお店や職場は、多くの場合、オペレーションもうまくいっておらず、業績も上がらないからです。

「仕事さえちゃんと頑張ってやっていれば、朝礼なんかどうだっていいんじゃない？」

そう思われる人もいるかもしれません。

しかし、考えてみてください。ほんの数分であったとしても、業務中の貴重な時間を「つまらないけれど、ムダだと思うけれど、しょうがないから適当にやり過ごしておけばいい」という気持ちを持ったまま、いい仕事ができるでしょうか。

まして、その日の仕事がスタートする、一番やる気が出るはずの時間にそんな気持ちでいたとしたら、その日1日を元気に働けるでしょうか。

答えは明らかですよね。

朝礼は、そのお店、職場の雰囲気をストレートに表わします。

売れているお店、伸びているお店の朝礼には、やる気や活気、いい意味での緊張感があり、前向きな雰囲気に満ちています。

あなたのお店はどうでしょうか。

「ちょっと、まずいかも」と、少しでも思うところがあったら、この機会にぜひ考え直してみましょう。

そもそも、朝礼とは何をするための時間でしょうか。

「挨拶して、連絡事項を伝えて、あとはみんなに『今日も頑張ろう』とか言って……」。

もし、その程度しか意識していなければ、もったいないことです。

では、何のために貴重な時間を割いて、みんなを集めて行なうのか、一度、そこからきちんと考え、整理してみましょう。

朝礼には、大きく分けて次の3つの役割があります。

①業務上必要な情報の周知徹底を図る（連絡・報告などを行なう）
②メンバーの意思を統一し、職場のチームワークをつくる（業務目標の確認、社訓の唱和などを行なう）
③メンバーの業務に対するモチベーションを上げる（店長や責任者からのスピーチなどを行なう）

このなかで、もっとも重要なものは③だと言えます。

①については、連絡事項を書いた紙を読み上げるようにしたら、新人にもできます。また、集まらなくても紙を配ったり掲示板に書いたりするだけでも十分です。

②も業務目標を読み上げたり、社訓の唱和の音頭を取ることは誰にでもできます。そしてこれらは、ある程度定形化、習慣化して行なうことができます。

それだけに、①や②しか行なわない朝礼は「時間のムダ」と言われたり、マンネリ化しやすいものです。そこで、それだけではなく、③の店長やリーダーによるモチベーションアップの働きかけが必要です。
③がしっかりできる店長であれば、つまり、メンバーをやる気にさせられるリーダーであれば、①や②の内容もマンネリ化させず、しっかりと伝えることができるものです。
しかし店長が話下手で、朝礼で③の役割をしっかり果たすことができなかったら、朝礼はたちまち退屈で時間をムダにするものになってしまいます。
①や②の内容は、業務に必要なものですから、多少、伝え方が下手であったりマンネリ化していても、メンバーは「これも仕事」と納得できます。
しかし、③はそうはいきません。店長の退屈でお説教じみた話を聞かされるのであれば、「そんな時間があったら早く仕事に取りかかったほうがいい」という気持ちになってしまうでしょう。これでは朝礼の時間がムダだと思われるだけでなく、メンバーが店長を尊敬できなくなってしまいます。「こんなつまらない話しかできない上司の下で今日も働くのか……」と思うとやる気も出てこないでしょう。

それだけに、朝礼における店長の役割は大きなものであり、「③がもっとも大切だ」と言えるのです。

このことを、あなたが店長として朝礼で話をする場合には、ぜひ覚えておいてください。店長でないとしても、職場によってはメンバーが交代で話をするところもありますね。そうした場合にも同様です。みんなの前で、貴重な時間を使って話をする以上、みんなのやる気をそいだり、時間をムダにすることはできません。

いずれにしても、朝礼のもっとも大切な役割は、モチベーションアップにあり、連絡や社訓の唱和だけをすればいい時間ではない、ということをしっかり押さえましょう。

「何を話そうか」と考えていませんか？

さて、それではこれから前項で述べた③「メンバーの業務に対するモチベーションを上げる」ためのスピーチについて考えていきましょう。

モチベーションを上げると言われても、「それってどうすればいいの？」と、戸惑うかもしれません。それに「何の話をすればいいのか……」と考え込むかもしれません。

さらに、それが毎週であったり毎日であれば、「話のネタがない……」と困ってしまうことでしょう。

実際、この点を悩んでいる店長やリーダーはたくさんいます。

ネタをどこから集めたらいいかは、5章で詳しく述べます。

実はスピーチのネタ探しは、決して難しいものではありません。店長としての意識と感性、そしてちょっとしたコツを押さえておけば、すぐに見つけられるようになると言っても言い過ぎではありません。

しかしその前に、まずお伝えしておきたいことがあります。

それは、**「何を話せばいいのかわからない」「ネタがない」のは店長としての問題意識不足である**、ということです。

今まで朝礼を、「業務連絡をすればいい」とか「社訓の唱和をする時間」としてしか捉えていなかったならば、「スピーチのネタを探そう」とも思わないでしょう。

または「スピーチをしなければ」と思っていたとしても、「適当に何か最近起こった出来事を話しておけばいいだろう」とか「今日も仕事を頑張りましょうって言えばいいんでしょ」という気持ちでいては、ネタは見つかりません。

「何かいいネタはないかなあ……」。こう考えて、スピーチのネタ本や有名人のスピーチ集、名言集などを読み漁ったり、マスコミで紹介された評論家やスポーツ選手の言葉を真似したりする人もいますが、これもあまり効果的とは言えません。なぜなら、そうした借り物、つけ焼き刃の言葉は、聞き手にすぐに見抜かれてしまうからです。

これでは、「店長の話っていつもワンパターンだよね」とか「受け売りばかりだよね」と言われてしまうでしょう。

実は、この「ワンパターン」「受け売り」という批判は、単に「スピーチがつまらない」ということを言っているのではありません。

その言葉の奥には、「店長は職場のことを、私たちのことを見ていないよね、わかっていないよね」という不満が含まれているのです。さらに「店長ってたいして勉強していないんだよね」という気持ちも出てくるかもしれません。

常に職場の様子に気を配り、メンバー一人ひとりに目をかけ、そして業界全体、社会全体にも目配りしている店長、常に自己研さんを怠らない店長であれば、メンバーにとって身近な話から新たな知識まで、さまざまな話題を自分の言葉で伝えられるはずです。

お店、職場では毎日さまざまな出来事があります。みんなで喜び合いたいこともあれば、しっかり全員に注意を促さなければならないこともあるでしょう。業界、社会も常に動いています。そのなかには「これはメンバーみんなに知っておいて欲しい」と思う知識や情報が必ずあるでしょう。

そこに気づいていれば、ネタがなくなることはないのです。

「朝礼スピーチのネタがない」ということは、「お店にもメンバーにも、そして社会にも目を向けていない」からではないでしょうか。

これが、先に述べた「問題意識不足」なのです。

「ネタがない、どうやって探そうか」と悩む以前に、「ネタがない、と言っているようでは店長、リーダーとしては情けない」という自覚を持つことが欠かせません。

この自覚がなければいい店長、いい上司にはなれません。

ネタが見つけられなくても、市販のスピーチ本や有名人の言葉を真似ていれば、それなりに格好はつきます。接客や営業の経験が長い店長であれば、すらすらと話すこともできるでしょう。

しかし、それでメンバーから「お上手ですね」と言われたって意味がありませんよね。

どうせなら「さすがは店長、話題が豊富で勉強になる」「店長の話を聞くとやる気がでる」と言われたいものです。

そんな話ができるように、それも毎週でも毎日でも続けられるようになれば、店長、上司としてメンバーから信頼される存在になれるでしょう。

「何を話すか」よりも「どう話すか」が大切

「さすが」と言われるスピーチをするためには、話の内容、ネタがいいものであることは欠かせません。しかし、それだけではなく、さらに、絶対に忘れてはいけないものがあります。

それは話をする時の声のトーンやスピード、イントネーションなどの音声、それに表情や態度などの外見です。

どんなに立派な、あるいは大切な内容を話したとしても、声や外見がそれにマッチしなければ、聞き手に「いい話」として受け取ってもらうことはできません。

人は相手の言葉を、辞書に載っているような意味内容だけで理解しているわけではなく、話し手の声や口調、表情や態度などから総合的に判断しています。

このことは、接客販売をしている人なら誰でも知っているでしょう。

例えば、「いらっしゃいませ」は来店歓迎の言葉、「ありがとうございます」は感謝の言葉ですが、歓迎も感謝もしているとは思えないような言い方もできますよね。

お客様にそっぽを向いたまま、惰性で「いらっしゃいませぇ〜」「ありがとうございました〜」と掛け声のように連呼しているお店もよくあります。

しっかりお客様の顔を見て笑顔でお辞儀をしながら、気持ちを込めた声ではっきり明るく言ってこそ、言葉の意味も伝わります。

店長ならこのことを常に意識し、メンバーにも注意を促しているはずです。

しかし、スピーチとなるとこのことは忘れられがちです。

大事な話なのに、照れくさそうに笑いながら小さな声で話したり、みんなを励ます場面なのに、無表情で淡々とした口調だったり。そんな話の内容と合わない話し方をしている人がたくさんいます。

以前、ある大手小売業チェーンの店長研修でこんな光景を見ました。研修終了後、事務連絡をするために研修責任者が前に出てきました。そして、こう言いました。

「先月、本部からお願いしてある月例レポートですが、まだ提出していない店もあるようです。必ず提出するようにと本部長からも言われていますので、明日までに提出してください」

すると30人ほどいた参加者が、「えへへ」と笑い声を立てたのです。責任者もにやにや笑いながらマイクの前を離れました。

提出物を必ず出すように、という業務上の注意なのに、なぜ聞き手が笑ってしまったのでしょう。

それは責任者の口調にありました。どんな口調だったかは、皆さんも責任者の気持ちになって、前にあげたセリフを読んでくだされればわかると思います。責任者の気持ちとはこういうものでした。

（本部長から言えって言われたから言うけどさ、月例レポートを出していないところは明日までに出せってさあ。まったく、忙しいのにそんなのやってられないんだよね。まあ、

しょうがないから、みんな、よろしく頼むよ）

こういう気持ちだったので、それが表情や声の調子に出てしまい、聞き手も思わず「あーあ、めんどうくさいけどしょうがないよね、お互いつらいよなあ」と苦笑をもらしたのです。

つまり、発言した責任者は言葉では「提出物をちゃんと出すように」という意味内容を伝えたのですが、口調や態度では、「上は偉そうなこと言うけど、面倒くさいよねえ」という隠れたメッセージを発してしまったのです。

お店の朝礼でも「今月は必ず目標を達成しましょう！」と口では言っていても、口調や態度では「上はそう言うけどなかなか難しいよね、まあ、それなりにやればいいよ」というメッセージを発している人がいるかもしれません。

このような、言葉の表面的な意味とは違った意味、意図が相手に伝わることを「ノンバーバルコミュニケーション」と呼びます。

「バーバル＝verbal」とは言語のこと、それに否定の「Non」がついて「言語以外の要素で伝わるコミュニケーション」ということです。

スピーチの際、言葉以外で意味、意図を伝える要素には、声の大小やトーン、スピードなどの聴覚的なもの、そして服装や表情、態度などの視覚的なものがあります。

これらが言葉の意味とマッチしていないと、せっかく大切なことやよいことを言っても、聞き手にうまく伝わりません。

こういうことにならないよう、ネタ探しの前に、スピーチでの「ノンバーバル要素」について知っておきましょう。

配慮すべきノンバーバル要素

ノンバーバル要素としてスピーチの際に重要なのは、「音声」つまり耳で感じるものと、「外見」つまり目で感じるものです。

言葉の意味は頭で理解しますが、それ以外に、私たちは「聞く」「見る」という感覚によって多くの情報を受け取り、判断します。

では、スピーチをする際に注意したい点を見ていきましょう。

（1）音声

・声量

まず、大きくてはっきりとした声、全員に届く声を出すことが必須です。単に「聞こえる」だけではなく、その場に複数人いたとしても、聞いている人が「店長は私に向かって話しかけている」と感じるくらいの声量が必要です。

・声質

大きい声だとしても、無理に張り上げたり怒鳴ったりするような声ではいい話はできません。よく通る、耳に心地のよい声にします。

・声の表情

「元気で明るい」「知的で落ち着きがある」「優しく諭すような感じ」など、顔を見なくても声を聞けば人柄も伝わります。自分の声がどんな表情か、またスピーチの内容にはどんなイメージの声がふさわしいのかを考え、それに合った声で伝えることも欠かせません。

・滑舌

発音が悪い、言葉が聞き取りにくいというのもよくありません。日頃から「すみません」を「すいません」と音を略したり、「ありがとうございます」が「ありあとざいます」と聞こえるような人は要注意です。

・言い淀み

「えーと」「あのー」など、話の合間に挟まる無意味な音が「言い淀み」です。これがあると耳障りなだけでなく、「気が弱い」「自信がない」というマイナスイメージを与えます。

・語尾伸び

「おはようございまーす」「それではあー、お話ししまあーす」のように、語尾を伸ばして話すと聞いている人たちの気持ちもたるみます。特に緊張感を持たせたい、気合いを入れたい、という時には意識して語尾をしっかり引き締めましょう。

こうした音声について改善するには、常日頃からの意識とトレーニングが欠かせません。アナウンサーや、俳優、タレントのような職業の人は、日課として発声発音練習を行なっています。大勢の人にメッセージを伝え、ひきつけるためには声のトレーニングは欠かせないものだからです。店長や経営者など、職場のリーダーにとってもそれは同じです。「普通に聞こえればいい」という考えでは、人を動かすことはできません。

発声・発音トレーニング

❶

指2本を縦にして
入るくらい口を開ける

❷

下腹に手を当てて、
息を吐きながら
「あー」と声を出す

❸ 50音を次の通りに発声してみよう

あえいうえおあお
かけきくけこかこ
させしすせそさそ
たてちつてとたと
なねにぬねのなの
はへひふへほはほ
まめみむめもまも
やえいゆえよやよ
られりるれろらろ
わえいうえおわお

あいうえお
かきくけこ
さしすせそ
たちつてと
なにぬねの
はひふへほ
まみむめも
やいゆえよ
らりるれろ
わいうえお

腹式呼吸で「通る声」になろう

❶

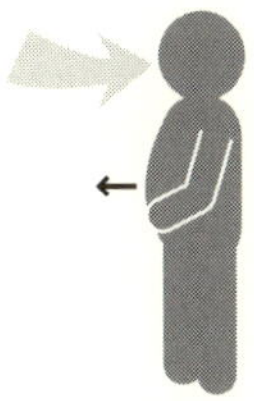

口を閉じ、鼻からゆっくりと息を吸い込む。下腹をふくらませて空気をたくさん吸い込もう

❷

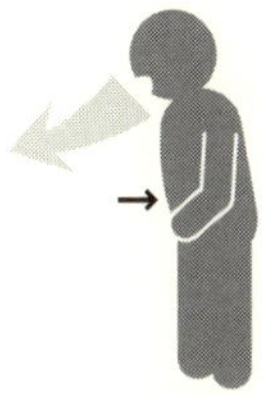

十分に息を吸ったら、次は口からゆっくりと吐き出す。お腹の空気を抜ききるようにへこませる

❸ 腹式呼吸に慣れてきたら、息を吐き出す時に、「あー」と声を出して発声練習をしよう

前ページに、基本的な発声・発音のトレーニングを載せましたので、毎日少しずつでも実行していきましょう。

(2) 外見

・服装

制服がある場合は、清潔なものを着崩さずに着用します。名札、バッジ、帽子等の付属品も規定通りに身につけ、服装面でのお手本を示してください。私服の場合はスーツやジャケットを着用し(または自店のブランドイメージに合った整った服装)、きちんとした印象を与えるようにします。カジュアルな服装でスピーチをすると、「雑談みたいなもの」と、聞き流されることもあります。

・ヘアスタイル

スピーチの時は、話をしながら髪を直さなくてもいいスタイルにします。話しながら髪の毛をかき上げたり、払ったりしなければならないスタイルでは聞き手の集中力を削ぎ、「しっかり聞かなければ」という気持ちも失わせます。

・視線

話をしている時に目が泳いでいたり、天井や床ばかりを見ていてはイメージ的に大きなマイナスです。手元のノートや資料ばかりを見るのもよくありません。聞き手としっかりアイコンタクトを取りましょう。聞き手が多い時には、全体に視線を配り、すべての人に話しかけるように心がけます。

・表情

基本は穏やかな笑顔にしましょう。緊張して硬くならないよう、リラックスした表情を心がけます。また、同じ笑顔でも照れ笑いにならないように、あくまでも相手に微笑みかけてあげるつもりで臨みます。

話の内容によっては「真面目な顔」や「厳しい表情」が求められることもあります。前述した声の表情とあわせて効果的なものにしましょう。

・動作

スピーチをより印象深くするには、ボディランゲージも活用したいところです（34ページ参照）。しかしそれ以前に、身体を不必要に動かす癖があると見苦しく、聞き手の集中を削いでしまいます。話しながら無意識に身体をゆすったり、手で髪や服をいじったりする癖がないか、確認しましょう。

こうしたノンバーバル要素の注意点は、なかなか自分ではわからないものです。周囲の人から率直なアドバイスをしてもらったり、ビデオ撮影をするなどして客観的にチェックしてみましょう。「えっ？　私ってこうなの？」と思うような、意外な発見が必ずあります。

ベテランの人のなかには、周囲からは「店長があんな話し方では……」とあきれられているのに、本人は「自分はこれでいい」と、妙な自信を持ってしまっている人も少なくありません。

「自分は長年、これでやってきた。仕事も問題なくできている。新人じゃあるまいし、大きな声を出せだの、態度をちゃんとしろなんて言われる必要はない」

こんなふうに思ってしまうと、周囲の人も「あの人には何を言ってもムダ」と、もうアドバイスもしてくれません。

「これでいいのかな？　他人から見たらどうなんだろう？　もっと改善できないだろうか？」という謙虚な気持ちで自分を見直していきましょう。

次章から、スピーチの内容や構成のつくり方について述べていきますが、まず大切なのは、「聞き手にいい印象を与え、やる気を引き出そう」という心構えを持つこと。そしてノンバーバルコミュニケーションに注意し、改善することです。

「店長っていつも格好いいよね。店長の話を聞くと、やる気が出るよね」

スタッフからそう言われる存在を目指していきましょう。

Column 1

ボディランゲージを使いこなそう

ボディランゲージは、話をよりイキイキとしたものにします。特にスピーチでは、次のような使い方があります。それぞれの例と、動作のポイントをあげますので、内容にあわせて活用してみてください。

数を示す……「要点は３つあります」のように、言いながら指で数を示します。指を高く、顔の横までしっかりと上げ、すぐには下ろさないようにします。顔の前に突き出すのは、アイコンタクトの妨げになるので避けましょう。

推移を強調する……「少子高齢化は年々進んでいます」のように、言いながら手をだんだんと斜めにあげていき、右肩上がりのグラフを想像させます。これも顔の前ではなく顔の横、もしくは胸から肩のあたりで動作を示します。

形・大きさを見せる……「このような形です」「このくらいの大きさです」などと言いながら、手でその形状を描きます。ゆっくり大きく動かすのがポイントです。

方向・対象を指示する……「ホワイトボードをご覧ください」などと視線を向ける方向を指示したり、質疑応答の時などに「後ろの方どうぞ」と人を指すこともあります。いずれも指さしではなく、５本の指を揃え、手のひらを聞き手に向けながら行なうと丁寧な印象です。

感情を表わす……代表的なものがガッツポーズでしょう。それ以外でも、気持ちをこめて話すと自然と手が動きますが、そうしたものを無理に抑えず、堂々と見せると話し手の熱意や真剣さが伝わります。

❷章

スタッフの心を動かすスピーチをしよう

スタッフのモチベーションを高めることが第一の目的

お店で行なう朝礼スピーチの目的、その第一は「モチベーションアップ」です。スピーチを聞いたスタッフ、メンバーが、「よし！　やるぞ！」と奮い立ち、仕事に対するやる気を出すように促す。これこそが、朝の貴重な時間にやるべきことです。

では、モチベーションを上げるにはどうすればよいのでしょうか。

人を動かすためには、感情を揺さぶる必要があります。相手の感情を刺激して、そこから自発的に「自分もやってみよう、やろう」という気持ちが生まれるような話をしましょう。

そのための朝礼スピーチの内容として、大きく次の3つがあげられます。

①知識を与える

「なるほど、勉強になったなあ」「これを知っておけば仕事がもっとうまくいくはずだ」「もっと知識を得たい」そう思わせる内容です。

②感動を与える

「いい話だなあ」「自分にもこんな感動が生み出せればいいなあ」「こんな感動をもっと味わいたい」。そう思えるような内容です。

③危機感を与える

「まずいな」「なんとかしなければ」「行動しなければ自分が危ないことになる」。そう実感させる内容です。

このように**「もっと～したい」**という気持ちがわき出てきてこそ、人は行動します。また、これらはいずれも、日々の仕事に関連があり、朝礼の時間にふさわしい内容だと言えます。

朝礼スピーチをいいものにしたい、と思うのであれば、まずはこの3つの内容のどれかを実行してみましょう。

早速、それぞれについて、スピーチ例をあげながら見ていきましょう。

1

知識を与える

「これを知っておくと仕事に役立つ」「知識、教養が深まる」。そんな話題を提供してあげましょう。接客販売業にはマーケティングや心理学などの豆知識が役立ちます。日頃からこうした分野のビジネス書を読んだり、新聞雑誌に目を通すことで、使える知識が見つかります。

「店長っていろいろよく知ってるな」「勉強しているんだな」と思われてこそ、尊敬もされますし、スタッフの「自分もやらなくちゃ」という意欲を引き出すことができます。

勉強ではなく、「ネタ探し」と考えると、ビジネス書や新聞も意外に面白く読めるものです。

知識を与える 1

値引きに対する考え方

お客様から「これ、安くならない？」と言われて困ったことがある人はいませんか？「まけてくれたら買う」などというお客様もいますよね。ですが、当店では値引きは一切していません。

マーケティング用語で「威光価格」という言葉があります。これは、商品の価値をアピールする「高めの値段」のことです。皆さんも、例えばブランド品は少々高くても買いますよね。似たような商品なら「こちらのほうが品質がいいはず」と、高いほうを選ぶこともあるでしょう。うちで扱う商品も、安くしたら「高級です」とのアピールがなくなり、かえって信用がなくなります。

もちろん、そのためだけに高くしているわけではありません。高い品質や希少性があるからこその値段なのです。

ですから皆さんも自信を持って、もし「まけて」と言われたら、「めったにないお品ですので」とソフトにお断りしてください。むしろそのほうが「買いたい」と思っていただけるものです。

知識を与える 2

ホウレンソウを促す

最近、報告や連絡、相談、つまり「ホウレンソウ」があまりないようです。問題がなければいいのですが、もし言いそびれていることがあれば、遠慮なく教えてください。

特に「やばい！」と思ったことは必ず教えて欲しいのです。なぜなら、小さな「やばい！」が大きなトラブルにつながっていくからです。

皆さんは「ハインリッヒの法則」を知っていますか？「1：29：300の法則」とも言います。これは「ひとつの重大事故が起きる裏には29の軽い事故があり、その裏には300の、事故にはならない程度の『やばい！』と感じることがある」というものです。

皆さんが仕事中、「これってやばくない？」と感じることがあったら、それが300分の1なのです。放っておくと、やがて29件のトラブルになり、そのうち大問題が起こります。

ですから、「まあいいや」と思わずに、なんでも気がついたことがあったら教えてください。

知識を与える 3

好印象な接客

お客様を大切にするのは接客業なら当然です。しかし、「大切にする」と言ってもどうすればいいのでしょうか。それは相手の「自尊心」を満たすことです。

人は誰でも、３つの欲求を持っています。「人から好かれたい」「重要な人物として扱われたい」「自分で決めたい」の３つです。これを満たしてあげるのが相手の自尊心を大切にすることになります。

お客様がいらしたらまず笑顔で挨拶し、「あなたが好きです」というメッセージを送る、同時に態度や言葉遣いを丁寧にする、そしてお客様が自分で「これにします」と決めるお手伝いをしてあげる。

特に大切なのが３つ目です。「これがおすすめです」と親切にアドバイスしたつもりでも、お客様は「余計なお世話」と思っているかもしれません。なかなか決められないお客様にも押しつけにならないよう、自分で選べるようにさりげなくリードしてあげてください。

知識を与える 4

苦手なお客様とのコミュニケーション

雨の日は客足が落ちますので、普段以上に丁寧な接客を心がけてください。

ですが誰にでも「苦手だな」と感じるお客様がいますよね。そういう方がいらっしゃったら「ペーシング」を試してみてください。これはコミュニケーションをよくするための心理学的なテクニックで、相手と動きや話し方のペースを合わせることです。

例えば、相手の話し方がゆっくりだったらこちらも遅めに話す、テキパキしていればこちらも速めに話す。商品をじっと見たら一緒に見る、こちらの顔を見たらしっかりアイコンタクトを取るなど、できるだけ行動を相手と同じようにします。

自分のペースを押し通して、自分と違うタイプの人に接客すると、自分も、またお客様も「この人とは合わないな」と感じてしまいます。

ほんのちょっと、自分のペースを変えて相手に合わせてあげてください。きっと、もっとお客様に親しみを感じていただけます。

知識を与える 5

「顧客感動」を意識する

皆さん、「CS」という言葉を知っていますね。カスタマーサティスファクション、顧客満足のことです。

では、「CD」は知っていますか？　これは、カスタマーディライトの略です。ディライトとは、うれしさとか喜びという意味で、顧客感動と訳されることもあります。

つまり、お店に行って、「ああ、よかった」と満足するのがCS、「えっ？　そんなことまで？」とうれしくなるのがCDです。これは、CSよりも高いレベルの接客を目指す考え方です。

私たちもこの言葉を心に留めましょう。特別なサービスをする必要はありません。お客様のお名前や好みを覚えておくだけでも、驚き喜んでいただけますし、頼まれなくても可愛くラッピングしてあげるとか、お礼のカードを差し上げるとか、ちょっとした工夫でできます。

「よかった」だけでなく「うれしかった」と言っていただけるように、今日も頑張っていきましょう。

2 感動を与える

「感動なんて、そうめったにはない」と思われるかもしれませんが、何も特別なことでなくていいのです。日常生活のなかで、「よかったね」とか「いい話だなあ」と思えるような出来事で構いません。

ほんの少し心が動いた、気持ちが和んだ、しみじみした……。そんなことなら、探せばいくらでもあるはずです。

また出来事だけでなく、店長自らがお客様やスタッフへの感謝を率直に伝えたり、素直な思いを打ち明けるのも感動を呼びます。

「いい話が見つけられない」というのであれば「もっと感受性を磨こう」と思ってください。周囲をよく見て、どんなことにも心を動かすものを見つけられる感性豊かな店長になれば、スタッフも店長に対して「自分の気持ちをわかってもらえる」「働きぶりを認めてもらえる」とやりがいを持って働けるのです。

感動を与える 1

今日1日を大切にしよう

先日、お客様から「おいしかったよ」とおほめの言葉をいただきました。そのお客様は、「もう人生残り少ないんだから、まずいものは食べたくないんだ」と笑いながらおっしゃいました。

その方はご高齢でしたが、でも考えてみれば私たちも、どんな事故や天災に遭って命を縮めるかわかりません。

人生の時間には限りがある。そう考えると私たちだって、おいしくない商品を売ったり、いい加減なサービスをしている暇なんかない、と思います。

限りある人生だからこそ「できるだけいいことをしよう」と真剣に取り組む。それがその人の人生を価値あるものにします。「明日もあさってても、次の日もある」と思っていれば、「今日1日くらいどうでもいい」と思うことがあるかもしれません。しかし、それは本当にもったいないことだと、そのお客様の言葉に教えられました。一人ひとりのお客様、一つひとつの仕事に大切に取り組んでいきましょう。

感動を与える 2

お客様からのおほめの言葉を共有する

昨日、お客様からおほめのメールをいただきました。「選ぶのを親切に手伝ってもらえたのでありがたかった」という内容でした。

クレームのメールはたまにありますが、おほめのメールはあまりありませんよね。お客様はだいたいが無口なもので、私たちの商品やサービスを「いいな」と思われたとしても、なかなか伝えてはくださいません。そうしたなかで、このようにわざわざメールをくださるお客様がいらっしゃるということは、ほんとうにありがたいことです。

また、お客様がメールをしたくなるくらい、担当した人が誠意を持って応対したのだと思います。これからもみんなで、お客様の心に残る接客を目指していきましょう。

このような直接のおほめがなかったとしても、私たちの仕事ぶりを「いいな」と思ってくださっているお客様はきっとたくさんいらっしゃるはずです。今日もいっそう、頑張っていきましょう。

感動を与える 3

接客業は人を励ます仕事

昨日、知人の結婚式に行ってきましたが、披露宴で新婦のお母様がこんな話をされました。

新婦は学生時代、毎朝必ず駅の売店でガムを1個買う習慣があったそうです。その理由は、買うと売店のおばさんが「いってらっしゃい」と声をかけてくれるから。そのお宅はお父さんが早く亡くなり、お母さんは朝早くから働きに出ていたため、娘が学校に行くのを見送ることができなかったのです。

「そんなさみしい思いをさせたけど、立派に育ってくれて」とおっしゃっていましたが、私はそれを聞いて、やはり接客販売業は単にものを売るだけの仕事じゃないんだ、人を励ますこともできるんだ、と改めて思いました。

もしかしたら皆さんの挨拶や笑顔、ちょっとした言葉かけが、私たちの知らないところでお客様を元気にしているかもしれません。

お客様の人生の大切な1日に関わっている、という気持ちで仕事をしていきましょう。

感動を与える 4

スタッフの子どもから学ぶ

昨日、うれしい話を聞きました。去年からパートとして頑張ってくれている佐々木さんの、小学校1年生の娘さんが、学校の作文に「大人になったらお母さんのようにお店屋さんで働く人になりたい」と書いたそうです。

その理由は、ひとつは制服のエプロンがかわいいからだそうです。

そしてもうひとつが「お友達がたくさんできるから」だと言うのです。娘さんには、同僚の皆さんやお客様が、お母さんのお友達に見えたのでしょう。佐々木さんはそれがとてもうれしかった、と私に話してくれました。これは皆さんが常日頃からチームワークよく、明るい職場をつくってくれているおかげだと思います。

家族からもお客様からも、私たちの店が楽しそうな職場だと思ってもらえる、そして子どもさんから「大きくなったらあんな仕事がしたい」と思ってもらえる、それが私たちの目指すところです。今日も頑張っていきましょう。

感動を与える 5

スタッフの働きぶりへの感謝

セール期間が終わり、目標の売上げが達成できました。本当によかったと思います。

しかし私が一番うれしいのは、この忙しい期間中もバックヤードや店の裏口が整理整頓されていたことです。普通、セールやイベントがあると、こういう裏の部分まで目が届かなくなります。「今は忙しいのだから、ここはあと回し」と誰もが思うでしょう。

しかし、皆さんが普段よりも早く出社したり、合間を縫って片づけてくれたおかげで、見えないところもいつもきちんとしていました。しかも、それを言われてやるのではなく、自主的に行なっていたのですよね。

人が見ている時だけ頑張るようではいい仕事はできない、と社長がよく言っていますが、その通りだと思います。そして私は店長として、そういう皆さんに支えてもらっているのだ、と実感しました。

これからも裏表のない仕事をしていきましょう。皆さんの頑張りに改めてお礼を言います。

3

危機感を与える

ビジネス社会には、常に不安や恐れがつきまといます。「職を失うかもしれない」「昇進できないかもしれない」「叱責されるかもしれない」などの不安から逃れることはなかなかできません。しかし、「このままではまずい、なんとかしよう!」という強い気持ちがあれば、それは大きなエネルギーになります。時には、そんなエネルギーを引き出すような話もしてみましょう。

もちろん、不安や恐れは人のやる気を失わせることもあります。スタッフが「もうだめだ、辞めてしまおう」と思うか、「よし、なんとかしてここから立ち直ろう!」と思うかは、ひとえに店長の力にかかっています。

店長が危機を乗り切る強い気持ちを示すことができれば、スタッフも「なんとかしよう」と行動に移るはずです。

危機感を与える 1

売上目標に達さなかった時

この度、今期の最終集計が出ました。目標の予算は達成できませんでした。それどころか前年比を割り込んでしまいました。このような結果に終わった原因はなんでしょうか？

「景気が悪く、お客様の財布のひもが固かった」からでしょうか？

しかし、景気が悪いのは世の中全体です。そのなかでも売上を伸ばしている店は、いくらでもあります。

私はその原因は、私たちの気持ちにあると思っています。「売れないのは仕方がない」「他店だって売れていない」そう思って努力を怠ってきたのではありませんか？

「そんなことはない」と言いたい気持ちはわかります。私だって努力しなかったわけでは決してありません。

しかし、普通の努力では足りないのです。今日からは2倍、3倍の工夫と熱意を持ってお客様に接してください。来期、このような結果になることは絶対にあってはなりません。生まれ変わってやりましょう！

危機感を与える 2

働くことへの意識を高める

今朝、大手食品メーカーのA社が工場を閉鎖し、３０００人の社員を人員整理したことが報道されました。

失業は、今や誰にとっても他人事ではありません。どんな大手、有名企業でも、時には公務員であっても、「一生安心」という職場はもうないのです。

うちの会社も例外ではありません。先月の店長会議でも「取締役会で、店舗数を減らすかどうか議論されている」という話が出ていました。

うちの店は、これまで売上高でも顧客獲得数でも常に上位の優良店です。しかし、だから大丈夫だとは言い切れません。

そんな状況で私たちがすべきことは、スタッフ全員が「仮に店を閉めるとしてもあの人には残ってほしい」と会社から評価される人材になることです。そういう人たちが力を合わせてこそ、一生、安心して働ける店ができるのです。

うちは大丈夫、という気の緩みは捨てて仕事に取り組んでください。

危機感を与える 3

お客様の不満は目に見えない

昨日、大変ショックなことがありました。

2人連れのお客様が会計を済ませ、店を出る時に「やっぱり、あっちのお店にすればよかったね」とおっしゃったのです。

私はちょうど本社から戻ったところでスーツ姿だったので、店員とは気づかれませんでした。それだけに直接苦情を言われるよりもショックでした。

もうそのお客様は二度とご来店くださらないでしょう。あのお2人だけではありません。これまでにも気づかなかっただけで、そういうお客様が何人もいらっしゃったのではないでしょうか。

お客様は何かあっても、ほとんどの場合何もおっしゃいません。それを「何も言わないのだから問題ない」と捉えてはいけないのです。

昨日のお客様が不満に思われた原因はなんだったのでしょう?「私は関係ない」と思うようでは改善できません。全員が「自分が原因ではないか」と反省し、今日の業務にあたってください。

危機感を与える 4

競合商品に対抗する策を講じる

今朝の新聞にも取り上げられていたので知っていると思いますが、A社が新製品「ビューティSX」を発売しました。聞くところによると、雑誌等にも大々的にPRを出すそうです。

「ビューティSX」は、当社の定番商品である「シェーンB」と同じ購買層をターゲットとしており、価格が安いことをアピールしてくるでしょう。

そこで私たちとしては、これからはよりカウンセリング的なアプローチを行なうと共に、「シェーンB」が持つレトロ感、高級感を際立たせ、購買力のあるお客様に的を絞った営業展開を行ないます。

そこで、来週から本社トレーナーによる接客販売研修を行ないます。この研修に臨むにあたって、今までの成功体験や自分のやり方は捨ててください。自己流ではなく、全社が一丸となって一流の販売を目指しましょう。

ついて来られない人には担当をはずれていただくこともありますので、その心づもりをしていてください。

危機感を与える 5

戦略的な人事を意識させる

当店は今年で創業5年目を迎えます。最初は3名だった社員も、現在では10名を超え、来年にはもう1店舗増やす計画です。また今後も10年以内に5店舗を目標にやっていくつもりです。

しかし、そのためには組織を変革する必要があります。

今、この店の人間関係や雰囲気は社員が4、5人だった頃のままです。和気あいあいと仲よくやっていますが、このままでは今後、規模が大きくなった時にさまざまな弊害が起こります。

そこで、来年度から組織全体について大幅な改定を行なうことになりました。各部門の責任者も年齢に関係なく、10年後を見据えた実力本位で新たに決めることにします。

責任が重くなるのは嫌だとか、後輩の部下にはなりたくないなどと言う人にとっては厳しい職場になると思います。古い自分を捨てて脱皮できる人だけが、新しい職場で会社と共に成長していけるのです。新体制に向けて、今から意識変革をしてください。

「知識を与える」「感動を与える」「危機感を与える」それぞれの例を見てきました。

このように内容の狙いがはっきりしている短いスピーチは、聞き手の印象に残りやすく、その日1日の行動に大きな影響を与えます。

これらの例を参考に、自分なりのスピーチをつくってみましょう。まずは自分にとってやりやすい内容から挑戦してみてください。

❸章

スピーチの「型」をマスターしよう

パターンに落とし込んでスピーチをつくる

スピーチが苦手な人の多くが、「なかなか話すことがまとめられない」と困っています。「しゃべっているうちに話題がそれてしまい、自分でも何が言いたいのかわからなくなってしまう」という人も少なくないようです。

そうならないために、あらかじめ話す順番を考えておけばいいのですが、「その順番はどうすればいいのか」というのも悩みの種ですね。

スピーチを難しいものにしている原因がここにあります。

「何を話せばいいのか（話のネタ）」を探すだけでも大変なのに、「どういう順番で話せばいいのか（話の構成）」も同時に考えなければならない。そうすると大変な手間と時間がかかってしまいます。これでは「難しい、面倒くさい、やりたくない」と思う人がいるのも無理はありません。

そこで、それを解決する方法をお教えします。

それは**スピーチ構成の「型」、つまり話の順番の「決まったパターン」をいくつか覚えておくこと**です。話したい内容が決まったら、型にあてはめてみてください。そうすると自然にまとまりのある、わかりやすいスピーチができます。

この型は、私たちの身のまわりのいろいろなところで活用されています。

例えば、新聞を思い出してみてください。紙面の構成や記事の書き方には必ず決まったパターンがあります。まず一面のトップにその日もっとも重要なニュースがあり、下段には広告欄、最終ページはテレビの番組表と決まっています。各記事の最初は大見出し、それから中見出し、小見出しとだんだんと情報が細かくなっていきます。

テレビのニュースやバラエティ番組も同様です。話題は毎回入れ替わりますが、進行手順は決まっています。

大枠が決まっているからこそ、毎日でも効率よく情報発信できるわけです。もし毎回、「今日は最初に何を伝えようか、次はどうしようか」と悩んでいたり、「昨日とまったく違う進め方でなければダメだ」と思い込んでいたら、とても毎日放送はできません。

スピーチも同様です。毎回、「今日はどうしよう?」とゼロから考えていたら時間ばかりかかってしまいます。そこで、型を決めておけば、「ネタ」さえ見つければいいのですから、悩みが半減しますね。

ここでスピーチに使える型を4つ紹介しましょう。「箇条書き」「序論本論結論」「PREP法」「起承転結」の4つです。これらはビジネス文書や論文、新聞や雑誌の記事等を書く時にも活用されるもので、スピーチやプレゼンテーションにも役に立ちます。

では、それぞれについて簡単に説明しましょう。

・箇条書き

まず大切なことの数をあげ、それからそれぞれの項目を順番に述べていくものです。「今日、伝えたいことは3つです」「これについては5つのポイントがあります」と最初に数を示すと、要点がはっきりし、覚えやすくなります。

・序論本論結論

「序論→本論→結論」と、3段構成で進めるものです。まず序論でテーマを示しながら前振りをし、本論で言いたいことを詳しく述べ、最後に結論を示します。だんだんと結論に近づいていくので、聞いている人も内容が受け入れやすいものです。

・PREP法

「PREP」とは、「Point（要点結論）」「Reason（理由）」「Exsample（事例）」「Point（要点結論）」の頭文字をとったもので、物事をこの順番に述べていく4段構成です。最初に結論を示し、それから理由、事例をあげて再度結論を述べるので、インパクトと説得力があります。

・起承転結

「起」で話をはじめ、「承」でその内容を引き続き述べ、「転」で話題を変え、「結」で結論づける4段構成です。もともとは漢詩の構成方法で、「転」のところで意外性を持たせることで、聞き手の想像力を刺激する文学的な表現ができます。

これらの型を使うと、スピーチがつくりやすくなるだけでなく、聞き手にとっても理解しやすいものになります。なぜなら、これらはいずれも、「わかりやすさ」という点で誰もが「これはいい」と認めているものだからです。

昔から大勢の人が、文章を書いたり人前で話したりする時に、「どう伝えたらわかりやすいか」に知恵を絞り、いろいろな工夫をしてきました。そうしたなかで「定番」となったのがこれらの構成です。

ですので、これらが使いこなせれば朝礼だけでなく、お客様への説明や会議での発言などいろいろな場面に応用できます。ビジネスパーソンとしてぜひ覚えておきたいものです。

それでは、これらの型を使ったスピーチの例を見てみましょう。

「挨拶に気持ちを込めよう」という内容をそれぞれの型でスピーチにした例をあげます。

箇条書き

挨拶に気持ちを込めよう

お客様が見えたら「いらっしゃいませ」と言うのは常識です。ですが、心のこもらない、形だけのものであったら意味がありません。

お客様に「心がこもった挨拶だ」と感じていただくために、次の3点に気をつけてください。

まず、お客様の顔を見ること。お客様が「私に言ってくれている」とわかるようにできるだけ目を合わせてください。

次に、笑顔で行なうこと。歓迎の気持ちを伝えるには笑顔が欠かせません。

最後に、明るい大きな声を出すこと。「来てくださってうれしい」と思えば、自然と声も弾むはずです。

忙しくても挨拶が惰性にならないよう、この3つはしっかりと意識してください。

ポイント　項目の数は1つから5つくらいまでにまとめます。「まず」「次に」「最後に」だけでなく、「1つ目は、2つ目は」「最初に」「それから」という言葉も使えます。

序論本論結論

挨拶に気持ちを込めよう

（序論） お客様が見えたら、どこの店でも「いらっしゃいませ」と挨拶をします。では、うちの店の挨拶はお客様から「心がこもった挨拶だ」と思われているでしょうか。

（本論） 私たちは毎日、何回も挨拶をしますが、それが気持ちのこもらない形だけのものであったら意味がありません。しっかりとお客様の顔を見て、明るく、そして元気な声で、歓迎の気持ちを込めてできてこそ、お客様も「来てよかった」と思ってくださいます。しかし最近、商品整理をしながら小さな声で挨拶をしている人も見受けられます。

（結論） 挨拶は人間関係の基本です。惰性にならないよう、心を込めてしっかり行なってください。

ポイント 「序論」でテーマを出し、だんだんと大事なことへと話を深めていきます。結論部分をはっきりと強調して述べると、効果が上がります。

PREP法

挨拶に気持ちを込めよう

（P）「いらっしゃいませ」の挨拶はしっかりと心を込めて行なうよう、特に注意してください。

（R）なぜかというと、最近、挨拶が形だけのものになっているように見受けられるからです。

（E）例えば、お客様の顔を見ないで商品整理をしながら挨拶をしたり、無表情で小さな声でしか言えていない人がいます。毎日のことだからと惰性になっているのだと思います。これではお客様に「来てよかった」と思っていただくことはできません。しっかりお客様に顔を向け、笑顔と元気な声でできてこそ、意味があるのです。

（P）挨拶は人間関係の基本ですから、惰性にならないよう、しっかりと気持ちを込めて行なってください。

ポイント　「R」の部分で全体的なことを述べ、「E」で具体的なことをあげていくようにするとうまくできます。最後の「P」で、最初の言葉を繰り返すことで聞き手の記憶に残ります。

起承転結

挨拶に気持ちを込めよう

（起）「いらっしゃいませ」の挨拶は、どこの店でも行なっている常識的なことです。それだけに、心がこもらない形だけのものになりがちです。

（承）お客様に「来てよかったなあ」と思っていただけるように、しっかりと心を込めて行なっていきましょう。そのためにはお客様の顔を見ること、そして笑顔と明るい声が大切です。

（転）昨日、社長が差し入れのお菓子をくれましたよね。みんな「やったあ！ ありがとうございます！」と言いました。その時の表情や声の張りはとっても明るくて元気でした。

（結）その時と同じように、お客様にも「来てくださってうれしい！」という気持ちで挨拶をしてください。

ポイント　「転」の部分で「起・承」とは一見関係のなさそうな話を出し、聞き手に「えっ？」と思わせることがポイントです。意外な話題をうまく結論に結びつけられると効果的です。

型を活用して考えをまとめよう

それぞれの型の例をあげてみました。内容が同じでも、型によって伝わり方が違うことがわかったでしょうか。**スピーチのテーマを決めたら、自分の言いたいことが一番伝わりやすい型を選んで使ってみてください。**

逆に、まず「この型でいこう」と決めてしまって、それから内容をそこに盛り込んでいくこともできます。

例えば、「業務中にたるんでいる様子が見えるので注意したい、でもどう言えばいいだろう」と考えたとしましょう。このように、テーマは決まっているけれど内容や構成が決まらない段階であれば、型から内容を考えてみるのです。

「注意点を、箇条書きでいくつか絞るとしたら、それはなんだろう」

こう自分に質問してみて、注意点が2、3個出てきたら、それをそのまま解説すれば、箇条書きの型で話はまとまります。

同様に、序論本論結論型にするなら、「一番言いたいこと、結論はなんだろう。その結論に導くには、序論、本論はどういう内容がいいだろう」と自問してください。

「注意点をひとつだけあげるとしたら、それは何になるだろう。そのひとつが特に大事だ、という理由はなんだろう。その注意点と理由を詳しく説明する事例にはどんなものがあるだろう」。こう考えればPREP法の型でスピーチができます。

起承転結でまとめてみたいな、と思ったら、「注意点をよりわかりやすくするような、意外なエピソードがないかな」と考えてみましょう。


このように考えると、あれこれと無駄に悩まずに、頭のなかもすっきり整理されます。つまりスピーチの型は、「思考方法」でもあるのです。


そのことを意識しながら、それぞれの型を使ったスピーチの例をさらに見ていきましょう。多くの例に触れて、型の特徴や使い方のコツをつかんでください。

内容から型を選ぶこともできれば、型から考えて内容を決めることもできる、そう自由に発想できるようになると、スピーチを考える時間はぐんと短縮されます。

箇条書き 1

朝時間の活用を促す

皆さんは、朝、ゆとりを持って1日をはじめていますか。

朝をどう過ごすかは、仕事のコンディションにも影響しますから、とても重要です。ぎりぎりまで寝ていて、慌てて出かけるようでは、忘れ物をしたり遅刻してしまったり、いいことはありません。

私はそうならないように、心がけていることが、ひとつだけあります。それは「朝食をとる」ことです。コーヒー1杯、バナナ1本でもいいので、きちんと座って「いただきます」と言って食べる、それから出かけるようにしています。

それだけで、何か心にゆとりが持てるような気がします。もちろん健康にもいいと思います。

本当はもっと早起きして、朝からジョギングしたり新聞をじっくり読んだりしたいのですが、さすがにあれもこれもはできません。でも、ひとつだけなら毎日できますよね。

皆さんも、朝の時間を大切にするための工夫を、なにかひとつ考えてみてはどうでしょうか。

箇条書き 2

クレームへの心構え

お客様からのクレームはできるだけ避けたいものです。ですが、「いやだ」とばかり思っていてはいい仕事はできません。

クレームに応対する時の心構えをお話ししましょう。ポイントは3つあります。

1つ目は「貴重な情報だと思うこと」、2つ目は「期待の裏返しだと知ること」、3つ目は「謝るだけでなく一歩踏み出すこと」です。

貴重な情報であるというのは、ほとんどのお客様は不愉快なことがあっても黙ったままで、そして二度と来ないからです。

期待の裏返しというのは、期待がなければクレームもないからです。はじめから「どうせろくな店じゃない」と思っていれば、文句も言わないでしょう。

謝るだけではなく一歩踏み出すというのは、今後の対処をどうするのか、どう改善していくのかをできる限りお伝えしてこそ、お客様も納得してくださる、ということです。

この3つを心に留めて、落ち着いた対応に努めてください。

箇条書き 3

「5S」を確認する

仕事をする上で大切なものに、「5つのS」があります。皆さん、聞いたことがあると思いますが、5つ全部を言えますか？

1番目が整理、2番目が整頓、3番目が清掃、4番目が清潔、そして5番目がしつけ、または習慣です。

つまり、常に店や備品をきれいにしておくことですが、これは単にきちんとしておくと気持ちがいいからやるわけではありません。5Sの徹底によっていろいろな効果が生まれてきます。

その主なものを3つあげるとすれば、「ムダがなくなる」「安全に仕事ができる」、そして「お客様の信頼が得られる」ことでしょう。

必要なものが整っていなければ、道具を探しまわったりしてムダな時間や手間がかかります。もし通路に荷物や機材が乱雑に置かれていたら、思わぬ事故になることもあります。そんな状態であれば、お客様から「いい店だ」と評価していただくこともできません。

常に5Sを忘れずに徹底していきましょう。

序論本論結論 1

名前を呼び合う重要性

（序論） 皆さん、気持ちのよいお店をつくるためには、スタッフ同士の協力が必要です。お店がひとつのチームとしてまとまらないと、お客様に対していいサービスを提供できません。そのためにすぐにできることはないかと考え、ひとつ、新たな工夫をすることにしました。

（本論） それは、お互いに名前を呼び合うことです。今日から、私のことは「店長」ではなく「田中さん」と呼んでください。私も今まで以上に皆さんの名前を呼んでいきます。皆さんも、例えば何か頼む時に同僚に「ちょっと」とか「すみません」と漠然と呼びかけるのではなく、「鈴木さん、お願いします」と名前を入れていきましょう。またパートの人を「パートさん」と呼ぶのもやめましょう。

（結論） 名前を覚え、呼ぶことが相手を認め、尊重することになるのです。今日からみんなでこれを実行し、もっと気持ちのよいお店にしていきましょう。

序論本論結論　2

「お見送り」の大切さを意識させる

（序論）昨日の休みに家族と一緒に出かけて、あるレストランで昼食をとりました。その時に、とてもいい印象を持った出来事がありましたので、それについてお話をします。

（本論）食事が終わり、勘定を済ませて店を後にしたのですが、なんとなく店のほうを振り返りました。そうしたら、お店の人がまだ店の入り口に立って見送ってくれていて、目が合うと会釈をしてくれました。とても気持ちがよかったです。ちょうどお昼の営業時間が終わったところで、手が空いていたのだとは思いますが、それでもここまでしてくれる店はなかなかありません。お客様が入ってこられた時には「いらっしゃいませ」と愛想よく挨拶をしますが、帰る時にはそっけない、という店が多いのではないでしょうか。

（結論）私たちも、お客様がお帰りになる際の挨拶、お見送りはしっかりやらなければ、と改めて感じました。皆さんもぜひ、最後まで感謝の気持ちを持ってお客様に接してください。

序論本論結論 3

自分を仕事に合わせる大切さ

（序論） 仕事を辞めたいと、思ったことはありませんか？　この仕事は向いていないいんじゃないか、もっと他に自分に合った仕事があるんじゃないか。誰でも一度や二度、そう思ったことがあるでしょう。

（本論） そんな時に考えて欲しいのが、仕事とは何のために、誰のためにやるのか、ということです。仕事とは、世の中にある不便やトラブルを解消したり、みんなが必要とするものを提供したりして社会に役立つためにすることです。

だからこそお金がもらえるわけです。自分が楽しむためや気分よくなるためにするわけではありません。もちろん誰にでも向き不向きはありますが、ちょっと嫌なことや苦手なことがあったからといって、「向いていない」と考えていてはどんな仕事も続きません。

（結論） 自分に向いた仕事を探しまわるのではなく、自分を仕事に合わせる努力をしてこそ成長できるのです。難しいことがあってもくじけずに立ち向かっていきましょう。

PREP法 1

先輩の自覚と初心に戻る気持ち

（P）今日から新人が3人入ることになりました。皆さんには、先輩という自覚を持ってサポートするようお願いします。そして、同時に皆さん自身も、新人の時のことを思い出し、初心に戻ってください。
（R）先輩の自覚と初心に戻ること、矛盾するようですが、そう言うのには理由があります。それは、新人の加入をきっかけに、職場をより活性化していきたいからです。
（E）活性化のポイントとなるのが新人の力です。3人が1日も早く仕事を覚えてチーム力をアップするためには、先輩の指導が欠かせません。しかし先輩たちが「新人は言われたことを黙ってやればいい」という態度では、組織のなかに新鮮な感覚やアイデアを取り入れることができなくなります。
（P）ですから、ぜひ皆さんには「自分が新人だったら」という気持ちを忘れずにいて欲しいのです。先輩としての知識経験を活かしながら、新人と同じ気持ちで新しい組織をつくってください。

PREP法 2

「もうちょっとやる」をすすめる

(P) 忙しくなってくると、どうしても仕事が雑になりがちです。そこで、今日提案したいのが「もうちょっとやる」ことです。「これでいいや」と思っても、「いや、もうちょっとやろう」と思ってください。ちょっとだけでいいのです。

(R) なぜなら、「微差は大差」という言葉がある通り、ちょっとのことが大きな差になるからです。

(E) 例えば、お客様をお見送りする時、「ありがとうございました」だけで済ますか、「お気をつけて」を付け加えるかで印象は違います。ペーパータオルで手を拭いたらすぐに捨てずに洗面台も拭くとか、資料を棚に戻す時に並び方を揃えるとか、ほんの少しのことで見た目も整い、後の手間も省けます。こうしたことを面倒だからとやらないでおくと、だらしない職場になってしまいます。

(P) ひとりのすることは「ほんのちょっと」でも、全員が実行すれば大きな違いが生まれます。みんなで、「もうちょっと」だけやっていきましょう。

PREP法 3

就寝前のプラスの習慣

(P) 皆さんは、1日の終わりの夜をどう過ごしていますか。寝る前のひと時、振り返ってみてください。そして気がついたことがあればメモをしておきましょう。ほんの数行で構いません。

(R) なぜそれをすすめるかというと、自分でやってみて次の日の過ごし方が変わると実感したからです。

(E) 私は毎晩、寝る前に、手帳に5行ほど書き出すようにしています。よかったことを3つ、そして改善したいことを1つ、さらに、次の日に挑戦したいことを1つで、合計の5点を書くのです。

自分のよかった点を認めてあげることで落ち着いて寝ることができますし、反省点と挑戦したいことがはっきりしていれば、翌朝、起きた時にやる気も出ます。

(P) 私も友人からすすめられてもう半年ほどやっていますが、これからも続けるつもりです。ぜひ皆さんも1日の最後に振り返りをしてみてください。

起承転結 1

小さなお店だからこそ不景気を乗り越えられる

(起) ニュースによると、日銀は経済成長率の見通しを下方修正したそうです。経済状況が悪くなると、当然、その影響でお客様の財布のひもが固くなります。

(承) そうなれば、どんなお店もなかなか売上げが上がりませんね。皆さんも「景気がよくなってくれないと困る」という声をあちこちで聞くでしょう。厳しい環境のなかで頑張っていかなければならないのはうちだけではありません。

(転) 厳しい環境といえば、皆さんは大昔、恐竜が絶滅した時の話を知っているでしょう。絶滅の原因についてはいろいろな説がありますが、恐竜が全滅するような環境でも、小動物は生き延びました。小動物は食べ物が少なくても大丈夫だし、環境にも適応しやすかったからです。

(結) 私たちもこんな時代だからこそ、小さなお店のよさを活かして、デパートやスーパーにはできない、きめの細かいサービスをしていきましょう。そうすれば必ず、この不景気も乗り越えられます。

起承転結 2

普段の仕事こそ気を抜かない

（起） 昨日のサッカー日本代表の試合をテレビで見た人も多かったと思います。A選手のプレーは本当に素晴らしかったですよね。私も夢中になって応援しました。

（承） A選手は前日のインタビューで「普段やってきたことを今日もやるだけ」と言っていました。その落ち着いた態度を見て、すごいなあと感心しました。

（転） そういえば高校生の時、部活の監督に言われたことがあります。「今日は試合だから頑張ろう、と思ったってもう遅いよ。日頃の練習でできないことが本番でできるわけないだろう」って。さぼってばかりの私の耳には痛い言葉でした。

（結） 今日だけは特別だ、今日だけは頑張ろう、そんなふうに思っていては何事もうまくいきません。普段の努力を積み重ねていってこそ、特別な日にもいい結果が出せる、これは仕事でも同じですよね。今日も1日、気を抜かないで頑張っていきましょう。

起承転結 3

お客様の質問に備える知識の大切さ

（起） 最近、お客様からの質問が増えたようです。生産地や取り扱い方だけでなく、「この商品、製造会社と販売会社が違うけど、何かあったらどちらが責任を取るのか」といった突っ込んだ質問もあります。

（承） それだけお客様の安心や安全に対する意識が高くなっているわけで、私たちも勉強を怠るわけにはいきません。

（転） 昨日、息子から「タラバガニってなんでそういう名前か知ってる？」と聞かれました。「なんで？」と尋ねたら、「タラがいる場所で取れるから」とのこと。学校で習ったそうです。そこで、「じゃ、タラはどこに住んでいるの？」と聞いてみたら、「カニが住んでいる所」と言います。子どもだから笑って済ませられますが、私たち大人も、同じようなことがないでしょうか。

（結） 知っているつもりで詳しくはわからない。浅い知識だけでわかったつもりになる。これではお客様の質問にお答えできません。商品知識をしっかり勉強していきましょう。

型を組み合わせてみよう

複数の型を組み合わせて使うこともできます。

三段構成の「序論本論結論」、四段構成の「PREP法」のそれぞれに、箇条書きを組み合わせる方法は、話を論理的に構成したい時によく用いられます。

箇条書きは、シンプルに数をあげればいいので、他の型と組み合わせやすいのです。そうすることにより、**長い話や複雑な内容も、すっきりとして聞きやすくなります**。

では、組み合わせた例も見てみましょう。次の3つの組み合わせを取り上げます。なお起承転結は、全体をひとつの流れとする文学的な構成ですので、ここでは取り上げません。

- **序論本論結論＋箇条書き**
  - 本論部分を整理するために箇条書きを用いた例
- **PREP法＋箇条書き**
  - 理由を複数あげるために箇条書きを用いた例
  - 具体例を複数あげるために箇条書きを用いた例

序論本論結論＋箇条書き

働くことの意味を考える

（序論） なんのために働くのか、皆さんは考えてみたことがあるでしょうか。「お給料をもらうため」と答える人も多いかもしれません。ですが、それだけでしょうか。

（本論） もうすぐお盆休みですが、この機会にぜひ少しでも働く意味について考えてみてください。そうすることには2つの意味があると私は考えています。

1つは、より楽しくやりがいを持って働けるようになることです。仕事にはお金のためだけではない、何かがあります。それが見つかればやりがいも違ってきます。

2つ目は、そこを深く考えるとストレスや悩みも減ることです。働いていれば嫌なこともありますが、働く意義を自分なりにしっかり理解している人は、小さなことで迷ったり傷ついたりしないものです。

（結論） 皆さん、休暇には楽しい予定がたくさんあると思いますが、より有意義な休みを過ごせるよう、働くことについて、改めて考えてみてください。

PREP法＋箇条書き 1

陳列変更の意味を伝える

（P）急なお知らせですが、来月6日の水曜日を臨時休業とし、店内の陳列を大幅に変更することとなりました。これは売上げ向上の戦略のひとつです。

（R）この時期に陳列変更を行なう理由は3つあります。1つは季節感をより強調すること。2つ目は主力商品である「RXエクセレント」をより広範囲に展示すること。そして3つ目が、お客様により長く店内にとどまっていただくよう誘導することです。

（E）この陳列の変更により、どういう効果があるかを具体的に述べると、本社の経営企画部は、お客様の滞在時間が10分は長くなり、購買額も2割アップするものと見込んでいます。それだけ皆さんがお客様と接する時間も長くなりますので、より丁寧な接客で効果を上げるよう努力してください。

（P）皆さんには今回の陳列変更の目的をよく理解して仕事に取り組んで欲しいと思います。それでは来月6日、よろしくお願いします。

PREP法＋箇条書き 2

お礼ハガキを仕組み化する

(P) 今月から、お客様に手書きのお礼状をお送りすることになりました。担当者は必ず、準備したハガキを利用してお礼状を出してください。

(R) これは、お客様とのお付き合いを深め、当店のファンになっていただくために行なうことです。

(E) 実際、他の店でハガキによって効果があった例がいくつもあります。2つ、紹介しましょう。

1つはある自動車販売会社での出来事です。担当者がお礼と季節のご挨拶をかねてハガキを出したところ、それを見たお客様のご親戚の方がご来店、お買い上げくださったそうです。

もう1つは、美容院でのことで、定期的にキャンペーンのお知らせをハガキで出すようにしたところ、リピート率がアップしたそうです。以前はメルマガによるご案内だけをしていたそうですが、それよりもやはりハガキのほうが効果的だったとのことです。

(P) そのようなことから、うちでもハガキを活用することにします。ぜひ積極的に取り組んでください。

いろいろな型とその活用例を紹介してきました。

話したい内容によって、あるいはどんなインパクトを与えたいかによって、型を使い分けてみてください。

いろいろ試してみると、「自分にとってはこれが使いやすい」という得意な型が見つかります。そうするとスピーチを組み立てる時間もぐんと短縮できますし、いつでもまとまった話ができるようになります。

また慣れてくると、これらの型を応用できるようにもなりますし、いずれは型にとらわれることなく自由に、思うままに話して、しかもまとまりがあるというスピーチもできるようになります。

型のマスターを目指しつつ、でもあまりこだわらずに気楽に活用してみましょう。

Column 2

スピーチ原稿はつくるべき？

スピーチの準備として原稿をつくる人がいます。全部書いておけば安心ですが、イキイキと話すためには、一言一句、紙に書くのは避けましょう。書いてしまうと本番でそれを読み上げたくなります。読めばどうしても目は原稿に向きっぱなし、口調も棒読みになります。聞き手の立場になって考えると、そんな話が面白いわけはありません。

また、「文章を暗記しておこう」と頑張る人もいますが、これもおすすめできません。覚えるのが大変ですし、本番で頭が真っ白になって大慌て、ということになりがちです。それに「忘れちゃいけない」と思うと、余計緊張してしまいますよね。

リラックスして話すためには、原稿はつくらないほうがよいのです。

「そうは言っても不安……」という人は、だいたいの話の流れとキーワードだけをメモにしておきましょう。そして、ちょっと確認したい時だけそのメモを見るようにします。

実はスピーチの型は、そのためにも役に立ちます。

例えば箇条書きで話を組み立てたとしたら、次のようにメモします。

「来期の目標　ＣＳ向上　①挨拶　②礼状発送　③カウンセリング強化」

こうすれば要点を言い忘れたり、話の流れがわからなくなってしまうこともありません。慣れてくると、メモがなくても組み立てとキーワードが覚えられるようになります。原稿棒読みを避けるためにも、スピーチの型を活用してください。

❹章

話材の
切り口と広げ方

同じテーマでも切り口によって違うスピーチができる

「朝礼のたびにスピーチのネタを考えるのは大変」
「いつもワンパターンになってしまう」

本書をお読みの方にも、こんな悩みを持つ人が多いことでしょう。

確かに、ひとつのネタで1回スピーチをして「また新しいネタを探さなければ……」と考えていたら、忙しい仕事をしながらでは大変でしょう。

しかし、ひとつのネタで複数のスピーチをつくれるとしたらどうでしょう。この負担はずいぶんと軽くなるのではないでしょうか。

実際、**同じひとつの物事を見ても、そこからいくつものことを感じ取ることができます。**

例えば、春に桜を見て「きれいだなあ！」と感動したとしましょう。

でも、感じることはそれだけではないはずです。少し考えを広げてみれば、例えば「去年よりも開花日が1週間早いそうだが、やはり温暖化のせいだろうか」と気象状況を考察することもできます。

あるいは「花見にはどれくらいの人出があるだろうか。地元商店街はどのくらいお客が増えるだろうか」と経済面から考える人もいるでしょう。

「桜が終わったらすぐに初夏だ。今年の夏には何を売り出そうか」と、ビジネスのアイデアを先取りする人もいるかもしれません。

「桜が咲いた、きれいだ」で済ませてしまえばそれまでですが、多面的な考え方をすることで、広がりが出てきます。

日々の出来事も、このように捉えていけば、スピーチのネタがいくらでも見つかるはずです。

「最近、忙しいなあ」というだけのことでも、「忙しい時に特に注意しておきたいことはなんだろう」とか、「忙しい時の疲労回復法はどんなものがあるだろう」「この忙しい時期が終わったら次はどうなるだろう」などと、考えを広げていき、それをスピーチにしてみましょう。

こうした多面的な考え方ができれば、視野が広いと感心され、スタッフから尊敬されるに違いありません。

それではここで、ひとつのネタから**「知識を与える」「感動を与える」「危機感を与える」**について、それぞれのスピーチ例を見てみましょう。

この3つの面から見てみると、日常的な出来事もすぐに効果的な朝礼スピーチにすることができます。さまざまな例からそのコツをつかんでください。

近隣に競合店ができた ①

知識

来週、通りの向かいに同業店「Aストア」がオープンします。ライバルができて大変だ、お客を奪われるのでは、という声もありますね。でも私は心配していません。それどころかとても期待しています。皆さん、知っていますか？　植物は1本だけ育てるよりも2本を近づけて植えたほうが早く成長するのだそうです。これは2本あると根が絡み合って強くなり、また土の状態もよくなるからだそうです。こういうことを「相乗効果」と呼びます。

新しいお店ができると、この地域がお客様にとってさらに魅力のある場所になります。そうすれば私たちのお店にもますますお客様が増えると期待できます。

「Aストア」にも頑張ってもらい、うちも負けないように個性を発揮する、それによって2本の植物がすくすくと伸びるように、ビジネスが発展していけば素晴らしいことです。

同業店のオープンを、うちの店の成長のきっかけにしていきましょう。

近隣に競合店ができた ②

知識　**感動**　危機感

昨日、あるお得意様から、とてもうれしい言葉をいただきました。そのお客様は新聞の折り込み広告で、同業店「Aストア」の開店を知ったそうです。

「オープニングセールがあるっていうから、とても楽しみなんだよね」とお客様はおっしゃっていましたが、そのあと、続けてこうおっしゃったのです。

「でも、お店を選ぶのって値段やサービスはもちろんだけど、結局最後は人なのよね。Aストアってどんなお店かわからないけど、お宅の店員さんには、なかなかかなわないんじゃないの」って。

こう評価していただけるのも、開店してから5年、一緒に頑張ってきた皆さんのおかげです。

「Aストア」が開店すれば、これからは常に値段やサービスの点で比較されながらの仕事になります。厳しい状況になることも考えられますが、「結局最後は人」、この言葉をしっかりと肝に銘じて頑張っていきましょう。

近隣に競合店ができた ③

危機感

皆さん、すでにご承知の通り、同業店「Aストア」のオープンが来週に迫りました。道1本隔てただけの場所ですから、少しでも「あっちのほうがいい」と思えば、これまでごひいきにしてくださっているお客様も簡単に向こうへ移られるでしょう。

これからは常に、お客様に「Aストア」と比べられることになります。商品の品揃え、価格、陳列、接客対応、どれをとっても負けないようにしなければなりません。

特に最初の1ヶ月は、向こうはオープン記念セールを打ち出してきます。お客様も珍しさから足を運ばれるでしょう。その期間に「Aストアのほうがいい」と判断されたら、またうちに戻ってきていただくためには大変な苦労をしなければなりません。

うちはこの地域ですでに5年間やってきました。しかし、これまでのお付き合いに甘えていることはできません。

「Aストア」の開店を期に、初心に返り、どこにも負けない店づくりに取り組みましょう。

クレームがあった①

知識

昨日、「店員の口のきき方が生意気だ」という苦情がありました。担当した中野さんに話を聞きましたが、中野さんはいつも通り丁寧に接客したそうで、何が気に障ったのかわからないと言います。私も、うちの店にはそんな態度を取る人は誰もいないと思っています。

この機会に知っておいて欲しいのですが、クレームはこちらが悪くなくても起こります。お客様は「こうあるべきだ」という期待や思い込み、その人独特の好みを持っていて、こちらがそれに合わなければクレームになることもあります。ですから、怒られても「何が悪いのか」と悩み過ぎる必要はありません。

また、「怒るほうがおかしい」とお客様を非難するのも間違っています。どちらが悪いかではなく、いろいろな人がいて価値観も違うということなのです。接客は、人間に対する幅広い洞察力も身につけられる仕事です。クレームもその勉強だと思えば、恐れることはありません。

クレームがあった ②

知識　**感動**　応援歌

昨日、中野さんがお客様から大声で怒られたことはみんなも知っていると思います。中野さんがお客様に生意気な口をきくなど考えられないので、私も驚きました。

ですが、その話を中野さんから聞いた時、感心したことがありました。中野さんは「私は悪くない」と一言も言わなかったのです。それどころか「何がお気に障ったのか……」と一所懸命、反省点を探そうとしていました。

これは中野さんだけでなく、皆さんが日頃から「クレームから学ぼう」という気持ちでいるからでしょう。もし「クレームは原因をつくった人が悪い」と、批判する考え方だったら、誰でも「私は悪くない」「お客のほうがおかしい」と言い張ると思います。

お客様に怒られたのは残念ですが、私はそういう前向きな気持ちで皆さんと仕事ができることがうれしいです。いろいろなお客様がいらっしゃいますが、今日もみんなで頑張っていきましょう。

クレームがあった ③

知識　感動　危機感

皆さんはお客様から「その口のきき方は生意気だ」と怒られたらどうしますか？

昨日、そういうことがあったと中野さんから聞きました。いつも言葉遣いの丁寧な中野さんが怒られるということは、誰がいつ同じようなお叱りを受けるかわかりません。人の感じ方はさまざまです。こちらがちゃんとしていても、お客様に不愉快に思われることはよくあります。

そういう時には、お客様の気持ちに沿ってお詫びの姿勢を示すことが大切です。これは研修で習いましたよね。ですが中野さんは、頭が真っ白になってしまい「申し訳ありません」しか言えなかったそうです。

皆さんだったらどうでしょう？　中野さんと同じように真っ白になるのではありませんか？　それでは研修の意味もないし、また昨日の経験を活かしているとも言えません。「またあんなことがあったら」「もし自分だったら」という気持ちを忘れないようにしてください。

今期の売上目標を発表する 1

知識

今朝は、今期の売上目標を発表しますが、その前に目標はどのようにして立てるのかを説明しましょう。

まず、当然ですが目標は、必要経費を上回らなければなりません。今期営業するための経費だけでなく、将来も見据えて「いくら必要か」を判断します。あわせてこの地域の人口や最寄駅の利用者数、近隣の同業店の状況、前年の実績などを総合的に分析し、「この程度は売れるはずだ」という数値を出します。

目標を決めるためには、社長はじめ経営陣、戦略企画室のスタッフ、そして店長が何度も会議を行ない議論します。

ですから、これから発表する目標は、「達成できなくても仕方がない」と軽く考えることはできません。達成できるかどうかがこの店の将来を左右し、皆さんの生活にも大きな影響を与えます。

それでは発表します。今期の売上目標は1億2500万円です。絶対にこの数値を達成できるよう、みんなで力を合わせて頑張りましょう。

今期の売上目標を発表する ②

知識　**感動**　危機感

今朝は、今期の売上目標を発表します。1億2500万円です。「そんなの無理」と思ったかもしれません。確かに前期も目標の95％にとどまってしまいました。

しかし、前期はさまざまな悪条件が重なりました。うちだけではなく、近所のどの店も「客足が少ない」と嘆いていましたし、競合店のオープンセールに多くのお客様を奪われました。それでも95％を上げることができたのです。

それができたのは、みんなが一丸となって、どうやってお客様に喜んでいただこうかと工夫し続けたからです。「どうせ売れない」とあきらめたり、「何がなんでも売らなければ」と押しつけの販売をしたりしていては、もっとひどい数字だったに違いありません。

前期は未達成でしたが、私たちの努力は決して間違ってはいないと思います。今のやり方を進めていけば、今期は必ず目標達成できます。元気を出して、楽しく仕事に取り組んでいきましょう。

今期の売上目標を発表する 3

知識　感動　**危機感**

今朝は、今期の売上目標を発表します。その前に、前期を振り返りたいと思います。残念ながら前期の売上実績は、目標の95％にとどまりました。この95％という数字をどう捉えているでしょう。学校のテストで95点ならほめてもいいかもしれません。しかし売上目標は、これを達成してはじめて、この店を続けていくことができ、将来も発展させられるという数値です。ですから、もし2期連続で達成できなければ、いずれこの店はなくなると言ってもおおげさではないのです。

そういう厳しい気持ちで目標を捉えてください。景気が悪いとか、ライバル店ができたからなど、言い訳は一切通用しません。

では、発表します。今期の売上目標は、1億2500万円です。よろしいでしょうか。もう一度言いますが、絶対にこの目標は達成しなければなりません。一切の言い訳や甘えを捨てて、知恵と力を合わせて仕事に取り組んでください。

顧客満足をアップする ①

知識

今月は、顧客満足向上月間です。

皆さんご存じの通り、当社では全店舗でお客様にアンケートを取っていて、店内の清潔さやサービス、価格などについて5点満点で評価をしていただいています。

ですが、この評価を上げることが今月の目標ではありません。本部や私が注目しているのは、5点が取れるかどうかではないのです。ではどこに注目していると思いますか？

それは「ご意見ご感想」の欄です。この欄に何か書かれているか、それとも空白のままか。ここが大きなポイントです。

お客様がこの欄をわざわざ書くのは、1〜5点のところにマルをつけるよりもずっと面倒くさいですよね。それだけに、ここに「また来ます」とか「友達にも教えたい」と書かれていれば、それは本当に高い評価をいただいたと考えられるのです。

ぜひ皆さん、点数ではなくお客様が自分の言葉でほめたくなるような仕事を目指しましょう。

顧客満足をアップする ②

感動

皆さん、先月のお客様アンケートの結果を見ましたか？　そのなかに1枚、とても印象に残るものがありました。

それは、評価は各項目ほとんど2点で、お客様にはかなりご不満が残ったようでした。しかし最後の「ご意見ご感想」の欄にこう書かれていたのです。

「サービスが悪くて残念。次回に期待」

つまり「不満だったけど、また来ます」と言ってくださっているのです。これを書いたお客様はどんな人なのでしょうか。満足はしなかったけれど皆さんが一所懸命であることは認めてくださったのか。あるいは想像ですが、このお客様もこうした店で働いた経験があって「頑張れ」とエールを送ってくださったのかもしれません。

言うまでもなく、私たちにとってもっとも厳しい評価は、二度とご来店いただけないことです。「また来ます」と言ってくださったお客様のためにも、今日からもっと努力していきましょう。

顧客満足をアップする ③

知識　感動　危機感

先月のお客様アンケートの集計結果が出ました。各項目平均3・35点でした。

みんな知っている通り3点は「普通」ですから、これは「普通よりもまあいい」という評価ですよね。

今、これを聞いて「それならいいじゃないか」と思った人がもしいたら、その人ははっきり言ってプロ失格です。私たちは平均点を上回って満足していればいいわけではありません。

それに考えてみてください。もし自分がお客様の立場でアンケートを取られたとしたら「どうでもいい」と思ったら全部に3をつけるのではありませんか？　つまりうちの店は、特に文句もないけれど特別よい点もあまりない、魅力のない店だと言われているのです。

このままではもし近くに同業の店ができたら、すぐにお客様を奪われてしまうかもしれません。

今回の結果を踏まえ、「どうすればお客様から高い評価をいただけるのか」を真剣に考えて仕事に取り組んでいきましょう。

セール時期・繁忙期で疲れが見えた時 1

知識

セール期間も中盤戦になりました。皆さんの疲れもピークにきていると思います。こういう時はストレスもたまりますね。そこで今日は、すぐにできるリラックス方法を３つお伝えしたいと思います。

１つ目はストレッチです。両手を前で組んで、ゆっくりと天井に向かって伸びをしてください。次にゆっくりと左右順番に傾けます。これを寝る前にするだけでずいぶん違います。

２つ目はお風呂でつぼ押しです。手の甲の親指と人差し指の間にあるくぼみを押してみてください。翌朝、かなり疲れが取れているはずです。

３つ目はアロマセラピーです。アロマオイルをお風呂にたらしてもいいですし、アロマキャンドルを灯すのもリラックスできます。男性にもぜひ一度試してみて欲しいです。

これ以外にも、みんなでリラックス方法をシェアしませんか？　みんなで工夫しながらこの期間を乗り切りましょう。

セール時期・繁忙期で疲れが見えた時 2

知識　感動　危機感

皆さん、セール期間も中盤にさしかかり、疲れがたまっていることでしょう。しかし、お客様の反応が昨年とは違うことを感じませんか？店内、混雑はしていますがイライラした感じはありません。これは皆さんそれぞれが自分の持ち味とスキルを発揮して活躍しているからです。

例えば、鈴木さんはどんなに忙しくても常に笑顔を絶やさずに接客していますし、小山さんのテキパキとした包装はレジ前の混雑解消にとても役立っています。田中さんが臨機応変に各売り場のサポートに入ってくれるのも本当に助かりました。林さんの豊富な商品知識は、スタッフだけでなく、多くのお客様に頼りにされています。

このチームワークで最終日までサポートし合っていきましょう。きっと最終日にはこれまでで最高の結果が出ていることでしょう。

それでは今日も1日、よろしくお願いします。

セール時期・繁忙期で疲れが見えた時 3

危機感

セールも中盤にさしかかりました。この週末が人出のピークですが、皆さんの顔を見ると、疲れもピークにきていることがわかります。

しかし、あえて厳しいことを言います。私たちにとってセールは1週間続きますが、多くのお客様にとっては、ご来店はたった1回、ほんの数時間です。そしてセールが終わっても、このお店の営業は続きます。

今日、疲れているからといってぞんざいな仕事をしたら、二度とお客様はお越しにならないでしょう。ある一流のシェフは、「自分にとっては、何千皿とつくってきた料理でも、お客様にとってははじめての一皿であり、決して気を抜くことはできない」と言っていました。私たちとお客様の出会いも、一期一会なのです。

疲れている時はミスも多くなります。お互いに声をかけて注意し合い、フォローし合ってください。

それでは今日も1日、気を抜かずに行きましょう。よろしくお願いします。

決算を終えて、売上達成をねぎらう 1

知識

今期の決算が、昨日無事に終わり、売上目標達成を達成しました。これもすべて、皆さんの工夫と努力のおかげです。本当に1年間、お疲れさまでした。

さて、目標達成したわけですが、その要因について、ひとつ皆さんにお知らせしておきたいことがあります。

管理部では、売上げは1日単位だけでなく、時間帯別にも集計しています。今期、それを見ると、これまで比較的空いていると思われていた午後2時から4時の売上げが前年を上回っています。その理由は、商圏内に新しいマンションがいくつか建って、昼間人口が変わったからではないかと思われます。そうだとすれば、品揃えやキャンペーンなどを工夫すれば、まだまだ売上げが伸びる可能性があるはずです。

ぜひ、みんなで時間帯ごとのお客様の動きを観察し、アイデアを探してみてください。力を合わせて、また次のもっと高い目標を目指していきましょう。

決算を終えて、売上達成をねぎらう ②

知識　**感動**　危機感

昨日、決算が終了し、売上実績の結果が出ました。結果は……、売上目標達成です！　皆さん、本当によく頑張ってくれました。本当に、ありがとう。

今期の目標を発表した日のことを覚えているでしょうか。正直、誰ひとりこの目標を達成できるとは思っていなかったでしょう。前年度の売上げはよくありませんでしたし、表通りには新しく全国チェーンの競合店ができました。夏にはエアコンが壊れたり、冬には風邪をひく人が続出したりと、よくないことが続きました。

しかし、皆さんは「この店を盛り上げたい」「お客様を喜ばせたい」という熱い気持ちで、それぞれが知恵を出し合い、サポートし合って、この1年を乗り越えてくれました。いい条件のなかで、いい結果を出すのは当然です。しかし、厳しい条件のなかで結果を出せたことを、私は店長としてとてもうれしく誇りに思います。これからもみんなで地域一番の店を目指して頑張っていきましょう。

決算を終えて、売上達成をねぎらう ③

知識　感動　**危機感**

昨日で決算が終わり、売上目標を達成することができました。まずは一安心です。皆さん、お疲れ様でした。

しかし、ここで気を緩めてはいけません。私たちには次の目標があります。一度はうまくいっても、今までと同じ仕事を繰り返していたのでは、お客様に飽きられ、新たな目標を達成することは不可能になってしまうでしょう。

江戸時代に創業し、「老舗」「名店」として有名なあるお蕎麦屋さんのモットーは、「日々新た」だそうです。何百年も変わらず同じことを繰り返しているように見えて、実は日々新たな工夫をしているのです。だからこそ何百年も続けてこられたのです。

私たちはどうでしょうか。「新しくこういうことをやってみよう」というアイデアがありますか。もしなければ必死に考えてください。同業の店はうち以上に努力しているのです。

売上目標達成で安心せず、新たな気持ちで仕事に取り組みましょう。

新人スタッフを迎える ①

知識　感動　危機感

今日から、佐藤さん、石井さんが新しくこの店に加わることになりました。皆さん、よろしくお願いします。

さて、この機会に皆さんにちょっと聞いてみましょう。社会人に求められる、仕事をするうえで必要な力、といったらどんなものが思い浮かびますか？

まずは体力という人、あるいは語学力、計算力といったものをあげる人もいると思います。

実はこれについて、経済産業省が定めた「社会人基礎力」というものがあります。それによると、社会人にとって必要な力は大きく分けて3つあり、「前に踏み出す力」「考え抜く力」「チームで働く力」だそうです。前に踏み出すとは、指示待ちではなく自分から動くこと、考え抜くとは、常に「もっとよくできないか」という意識を持つこと、チームで働く力は、みんなで協力し、ひとつの目標に向かうことですね。

新人の2人も、また先輩の皆さんもこれらの力を発揮して、みんなで頑張っていきましょう。

新人スタッフを迎える ②

知識　感動　危機感

佐藤さん、石井さん、入社おめでとうございます。今日から一緒に働くわけですが、新人だからと遠慮せず、積極的に業務に取り組んでいってください。この仕事は、新人やベテラン関係なく活躍できるのです。

私が新人の時の話をしましょう。ある年配のご夫婦を接客させていただきました。そのご夫婦は、お孫さんへの贈り物を選びに来ていました。その時は、私は本当に入社直後でしたから経験もないですし、うまくおすすめする言葉も出ません。でもとにかく精一杯接客し、お買い上げいただくことができました。

後日、品物の受け取りにご来店された時、私は出勤日ではありませんでした。そうしたら、「あの若い子は今日はいないの？　あの子が一所懸命だったので、下見だけのつもりがつい買ってしまったのよ」と、言ってくださったそうです。

その時、新人でも新人なりにできることがある、と感じました。お2人もぜひ頑張ってください。また先輩の皆さんも初心に返って仕事に取り組みましょう。

新人スタッフを迎える ③

危機感

今日から佐藤さん、石井さんが新たなスタッフとして仕事に加わります。お2人の活躍に期待しています。先輩の皆さんは、慣れない2人をしっかりサポートしてあげてください。

しかし、これは2人にも、またみんなにもはっきり言っておきますが、お客様にとっては2人が新人かどうかはわかりませんし、関係もありません。

ですから、2人は仕事中に、「自分は新人なので、まだ慣れていないので」などとは言わないように注意してください。また、先輩の皆さんも、もし2人がミスをしたような場合にお客様に向かって、「まだ新人で、慣れていないものですから」などと言い訳するのも厳禁です。

もちろん、はじめてすぐに一人前の仕事ができるわけはありません。しかし「新人だから仕方がない、少しずつ覚えればいいだろう」などとのんびりされては困ります。社会人でありプロである、という自覚を持って仕事をしてください。

スタッフの勤務最終日（円満退社）1

知識

皆さん、すでにご存じの通り、本日で青木さんは退職します。辞めると打ち明けられた時は驚きましたが、新しい道に進む彼の決意を、私も応援していきたいと思います。

ところで今朝、ネットを見ていたら興味深いコラムを見つけました。「キャリアアップ、本当にできるのか？」というタイトルで、転職で成功する人と失敗する人の違いを述べたものでした。それによると、「今の職場に不満があるから」という後ろ向きな気持ちでする転職は成功しないそうです。

青木さんの場合は、もちろん前向きな転職です。青木さんは「この職場が大好きで辞めたくないけれど、もっとやりたいことがある」と言っていました。こういう気持ちであれば、必ずキャリアアップができることでしょう。

将来どんな道に進むにしても、まずは自分の職場と仕事を好きになることが大切です。これから私たちも頑張っていきましょう。

料金受取人払郵便

神田支店
承　認

8188

差出有効期間
平成26年8月
31日まで

郵便はがき

101-8796

511

(受取人)
東京都千代田区
神田神保町1－41

同文舘出版株式会社
愛読者係行

毎度ご愛読をいただき厚く御礼申し上げます。お客様より収集させていただいた個人情報は、出版企画の参考にさせていただきます。厳重に管理し、お客様の承諾を得た範囲を超えて使用いたしません。

図書目録希望　　有　　無

フリガナ お名前		性別 男・女	年齢 才
ご住所	〒 TEL　(　　)　　Eメール		
ご職業	1.会社員　2.団体職員　3.公務員　4.自営　5.自由業　6.教師　7.学生 8.主婦　9.その他(　　)		
勤務先分類	1.建設　2.製造　3.小売　4.銀行・各種金融　5.証券　6.保険　7.不動産　8.運輸・倉庫 9.情報・通信　10.サービス　11.官公庁　12.農林水産　13.その他(　　)		
職種	1.労務　2.人事　3.庶務　4.秘書　5.経理　6.調査　7.企画　8.技術 9.生産管理　10.製造　11.宣伝　12.営業販売　13.その他(　　)		

愛読者カード

書名

◆ お買上げいただいた日　　　　年　　月　　日頃

◆ お買上げいただいた書店名　　（　　　　　　　　　　）

◆ よく読まれる新聞・雑誌　　（　　　　　　　　　　）

◆ 本書をなにでお知りになりましたか。

1．新聞・雑誌の広告・書評で　（紙・誌名　　　　　　）

2．書店で見て　3．会社・学校のテキスト　4．人のすすめで

5．図書目録を見て　6．その他（　　　　　　　　　　）

◆ 本書に対するご意見

◆ ご感想

●内容	良い	普通	不満	その他（　　　　）
●価格	安い	普通	高い	その他（　　　　）
●装丁	良い	普通	悪い	その他（　　　　）

◆ どんなテーマの出版をご希望ですか

<書籍のご注文について>

直接小社にご注文の方はお電話にてお申し込みください。宅急便の代金着払いにて発送いたします。書籍代金が、税込1,500円以上の場合は書籍代と送料210円、税込1,500円未満の場合はさらに手数料300円をあわせて商品到着時に宅配業者へお支払いください。

同文舘出版　営業部　TEL：03－3294－1801

スタッフの勤務最終日（円満退社）②

感動

青木さんは、今日が勤務最終日ですね。今までいろいろと助けてもらい、店長としても本当にありがたく思っています。

今回、青木さんが辞めるにあたって、皆さんから意外な言葉が出たのが印象に残っています。それは「もっといろいろと教えて欲しかった」という言葉です。青木さんは、いつも仕事に対して厳しく、注意されたメンバーもたくさんいたようですね。

後輩を指導したり、仲間に注意するのには本当にエネルギーが必要です。問題があっても黙って波風を立てず、みんなと仲よくすることが一番楽です。そこをあえて厳しく言えるのは、責任感があればこそです。

退職の時に「さびしくなりますね」と言われる人は多いでしょうが、「もっと教えて欲しかった」と言われるような人になるのは、簡単なことではありません。

そんな青木さんが辞めてしまうなんて、本当に残念です。しかし、青木さんの新たな道をみんなで応援します。私たちも負けないように頑張っていきましょう。お疲れ様でした。

スタッフの勤務最終日（円満退社） 3

知識　感動　**危機感**

青木さんの勤務は本日が最終日となります。私がここの店長に配属されて以来、この地域のことをよく知っているベテランの彼には本当に助けてもらいました。皆さんも、青木さんを何かと頼りにしてきたことと思います。

その青木さんが、明日からはいません。これははっきり言って大きな痛手です。そこを私たちがどう補い合い、対処していくのかが課題です。仕事が遅れてお客様にご迷惑をかけたり、「あの店はひとり辞めたら戦力が落ちた」などと他店から言われたりしては、恥ずかしいですよね。

もちろんそうならないように、私も店長として頑張っていきますが、皆さんも「人手が足りなくなって大変だ」と文句を言うだけの人にならないように。青木さんの退職を、むしろ自分の力を伸ばすチャンスと捉えてください。青木さんがいなくても全然問題ないと言えてこそ一人前なのです。青木さんが心配なく新しい道に進めるように、頑張っていきましょう。

チームワーク強化 ①

知識

チームワークをつくるためには、リーダーシップを発揮する人が必要です。でもリーダーだけでチームはできません。

皆さんはリーダーシップの反対の言葉を知っていますか?

それはフォロアーシップです。フォロアーシップとはリーダーと共に目標達成に協力する姿勢、という意味です。

昨日、サッカー日本代表の試合がありました。キャプテンのA選手のシュートが跳ね返されたのを、若手のB選手が拾って蹴り込み、ゴールしましたね。

ビジネスでもこうした人材が求められます。上司の失敗は上司の責任だから自分は関係ないとか、自分は新人だから先輩のやることを見ていればいい、という人ばかりでは強いチームにはなれません。

経験の浅い人でも力を発揮すれば、先輩や上司を支えることができるのです。リーダーシップと共に、フォロアーシップも大切にして頑張っていきましょう。

チームワーク強化 2

感動

今日は、私がこの店に入ったばかりの頃のことをお話ししたいと思います。お客様と接する仕事がしたいと思って、張り切ってこの店に入ったのですが、なかなか仕事に慣れなくて失敗ばかりしていました。

ある時、私のミスのせいで大きなクレームが起こり、厳しい先輩から「お前みたいな半人前がいると、チームの迷惑だ」と怒鳴られました。その時、私はもう辞めようと思いました。すると店長が先輩にこう言ったのです。

「半人前でもチームの一員だ。新人が半人前と思うなら、先輩である君が1・5人前の仕事をしなさい。入ってすぐ一人前に働ける人なんかどこにもいない」

私はそれを聞いて「1日も早く一人前に、いや、一人前以上になってやるぞ」と思いました。

その思い出があるので、不慣れな人やミスをした人を責めるのではなく、「自分が人一倍頑張るぞ」とみんなが思う、そんなお店にしていきたいと思っています。

チームワーク強化 ③

危機感

最近、チームワークがうまくいっていないように感じています。

それは、「伝言したはずなのに聞いていないと言われた」とか「レジで待たされる時間が長い」というお客様の苦情が増えていることからもわかります。皆さんは、こういう状態をどう改善していけばいいと思いますか？

「あの人が悪い」「なんとかして欲しい」と他人任せにしているようでは、ビジネスパーソンとしては失格です。

自分からなんとかしようとする人、改善案を出せる人、そしてその案を実行できる人、そういう人たちが集まる店でなければ、この厳しい時代に生き残ってはいけません。

私たちのチームワークが悪く、お客様に迷惑をかけることが続けば、お客様はよそに行ってしまわれます。同業の店はこの近所にはいくらでもあるのです。

どうすればいいのか。自分にできることはないのか。一度、みんなで真剣に考えてみてください。

スタッフ間の人間関係向上 1

知識　感動　危機感

「三本の矢」という話を知っているでしょうか。戦国時代の武将、毛利元就の話です。元就はある日、3人の息子たちに矢を折らせました。1本ではすぐに折れてしまう矢も、3本にまとめると折れません。そこから協力、団結することの大切さを教えたのです。

この話は、別の解釈もできます。それは、本当の敵は外ではなく、内にあるということです。協力すれば勝てる相手でも、一人ひとりがばらばらでは負けてしまいます。

この店の立ち上げメンバーは、店を軌道に乗せようと一丸となって頑張っていました。仕事だけではなく、終業後の飲み会や休日のイベントなどもいろいろと企画していました。それが仕事にもいい効果をもたらし、同業他社に負けない店になれたのです。

しかし、最近はみんながばらばらに働いているようです。これでは競争相手に負けてしまうかもしれません。「みんなでこんなことをやろうよ！」というアイデアがあったらぜひ、出してください。

スタッフ間の人間関係向上 ②

知識　感動　危機感

先日、専門学校生の就職指導をしている先生に、若い時の失敗談を聞かせてもらいました。

就職準備講座で、「学生と社会人の違いは」を考えてもらったところ、ひとりの学生が「友達は選べるけれど、同僚は選べない。社会人になったら嫌な人とも我慢して付き合わなければならない」と言ったそうです。その先生は「そうですね」と応じました。

しかし、別のクラスで同じ質問をしたところ、ある学生がこう言ったのだそうです。「友達は選べるけれど、同僚は選べない。だから私は苦手な人にもいいところを見つけられる人間になりたい」

その先生は「その答えを聞いて反省しました。私よりもその学生のほうがずっと大人でした」と言っていました。

確かに、どんな人にもいいところはあります。それを探すつもりで仕事をすれば、嫌だと思う人とも、違った人間関係がつくれるでしょう。

私たちも、今日からそのつもりで仕事をしていきましょう。

スタッフ間の人間関係向上 ③

知識　感動　**危機感**

先日、同業のある店長さんから、店のなかに政党の派閥のようなグループができてしまい、まとまりがつかず困っているという悩みを聞きました。その状態を解消するために、スタッフの異動や契約社員の雇用打ち切りも考えているそうです。

「ベテランだからと威張っていたり、人の好き嫌いを職場に持ち込む人には、いてもらうわけにはいかない。それなりの対処を考える」と、その店長さんは言っていました。

うちの店でも、最近、人間関係で悩んでいるという話が聞こえてきます。もちろん、個別の問題はこの場でお話することではありません。しかし、皆さんが全員で助け合って、気持ちよく働けるような状態ではないことは私も気づいていますし、皆さんも感じているでしょう。

この状態を改善するために、私としてもそれなりの思いきった対処をしなければならないと思っています。ですがその前に皆さん、特にベテランの人たちは自覚をもって改善してくれるよう、お願いします。

繰り返しでスタッフに意識づけをしよう

職場でよくある10の出来事について、それぞれ3つのスピーチ例をあげてきました。

同じ出来事に対してでも、さまざまな見方ができ、違ったスピーチがつくれることとわかってもらえたと思います。

このような、少しずつ変化をつけたスピーチを、日を変えて行なえば、「ネタがない、今日はどうしよう」と困ることもなくなります。

また、仕事のための大事な内容、メッセージは繰り返し伝えることが大切です。どんなにいい話でも、1度だけでは忘れられてしまいます。同じテーマについて、違った切り口で変化をつけて繰り返し伝えることで、スタッフの心に、店長のメッセージがしみ込んでいきます。

スタッフみんなに、大事なことを覚え理解してもらうために、1回話して終わり、にならない多面的な視点と、表現力の豊かさを身につけてください。

Column 3

あがりを抑えるには

「どうしてもあがってしまう、どうすればいいのか」

こういう悩みを持っている人は少なくないでしょう。人間誰でも、大勢の前に立たされて「何かちゃんとしたことを言わなければ」と思えば、いつもとは違う心理状態になってしまい、うまく話せなくなるのも無理はありません。

あがりをまったくなくすことはできませんが、減らすことはできます。その方法を3つあげましょう。

その3つとは「場数を踏む」、「準備する」そして「立場を変える」です。

場数を踏むことがあがりを減らす効果があるのは言うまでもないでしょう。何ごとも慣れればスムーズにできるようになります。積極的にスピーチの機会を増やしましょう。

しかし、いくら場数を踏んでも、毎回、行き当たりばったりのぶっつけ本番では効果はありません。準備をして本番に臨み、その経験と反省を活かして次に臨むことで、スピーチは上達していきます。

そして、「自分はどう見られているんだろう」「自分の話はどう思われているんだろう」という受け身の思いを捨ててしまいましょう。その代わりに「いい話をしてやるぞ､真面目に聞いているかみんなの態度を見てやるぞ」というくらいの心構えで臨みましょう。つまり、受け身の立場ではなく主導権を握るのです。

あがってしまうのは、自分が試されていると思うからです。場数と準備で培ってきた経験をもとに、堂々とその場の主導権を握れば、あがることはありません。

❺章

話材の見つけ方

メディアから話材を見つけよう

スピーチのネタは仕事やお店での出来事だけでなく、身のまわりでもたくさん見つけることができます。

もっとも便利なものがマスメディアです。私たちは毎日、マスメディアから流れてくるたくさんの情報に触れていますが、その多くをなんとなく見たり、聞き流しているのではないでしょうか。そうだとしたらもったいないことです。

そこで、この章ではまず、現代においてもっとも身近なマスメディアである「新聞雑誌」「インターネット」「テレビ」の3つからネタを探した例を見ていきましょう。

誰もが毎日のように見聞きしているメディアでも、「スピーチに使おう」という視点と意欲を持つだけで、受け取り方も違ってきます。あまり注目されない小さな記事をネタにすれば、周囲の人たちから「そんなことを知っているのか」と感心されます。

また、誰もが知っている大きな話題であっても、他の人が気づかないユニークな視点から見直してネタにすれば「そんな見方もあったのか」と、やはり周囲の評価は高まるでしょう。

店長がメディアをうまく活用して興味深い話をすれば、スタッフも見習って情報収集が上手になりますから、その点でも効果があります。

もちろん、マスメディア以外にもネタはあります。一番、身近なのが自分の日々の体験でしょう。「こんなことがあった」「こんな話を聞いた」という小さな出来事のなかにも、意外に仕事に活かせるネタがあるものです。こんなことはつまらないだろう、ありふれている、と流してしまわずに、スピーチに活用してみましょう。

店長が実際に体験した出来事は、スタッフの人たちにも身近なこととして興味を持たれ、親しみやすく聞けるものです。また、店長自らが身近な話題を持ち出すことで、スピーチが苦手な人も「無理に難しく考えなくてもいいんだ」と安心できます。

その例も、本章の最後にあげますので参考にしてください。

マスメディアという大きなネタ元を活用しつつ、自分の体験という小さなネタにも目配りができれば、もうネタに困ることなく、バリエーションのあるスピーチをすることができるようになります。

新聞雑誌（経済記事）からネタを見つけよう 1

災害と経済の関係を考える

今朝の新聞に、アメリカのハリケーンの記事が載っていました。大きな被害があったことは皆さんも知っていると思いますが、その記事によると、ハリケーン直後の株式市場では、建材メーカーや発電機製造の会社の株が買われたそうです。いずれも復興に欠かせないもので、需要が伸びると見込んでのことです。

この記事からわかる通り、災害は大きく経済に影響を及ぼします。日本にも、台風や地震など大災害の可能性は常にあります。そんな時に「大変だ、恐い」と思うだけでなく、「経済にどういう影響を与えるのか」という視点も、ビジネスパーソンとしては忘れずに持っておきたいところです。実際、こうした記事から新商品のアイデアや品揃えの工夫を考え出す人もいるのです。

「外国の災害なんか関係ない」と思うか、何にでも興味を持つかが将来の差になります。幅広い目で世の中の出来事を見てみてください。

新聞雑誌（経済記事）からネタを見つけよう　2

離職率と仕事への取り組み方

今朝の新聞に、若者の離職率についての記事がありました。厚生労働省によると、新規大卒者が3年以内に職場を辞める率は、宿泊・飲食サービスで48・5％、小売業で35・8％。一方で、電気・ガス・水道などでは7・4％だったそうです。

この数字を新人の皆さんはどう考えるでしょう。「半数近くが辞めるなら自分も転職を考えようかな」と思う人もいるでしょう。しかし、「それなら3年以上頑張れば相当なベテランになれる」と考える人もいるはずです。

また上司の立場にある人はどうでしょう。「離職率が高いのだから、うちの店で辞める人がいるのも仕方がない」と思うか、「後輩を離職させないためにはどうしたらいいのか」と考えるか、ここにも大きな差があります。

同じデータでも何を読み取るかはその人次第です。ぜひ前向きに、自分の仕事に役立てるような読み方をして欲しいと思います。

新聞雑誌（社会記事）からネタを見つけよう 1

地震災害に備える

先日の雑誌に、「首都直下型地震」の記事があり、地震に備えるためのアドバイスがいくつか掲載されていました。そのなかで特に大切だと思ったことを2つお伝えします。

まず、非常口の確保です。この店には正面と裏に2ヶ所の出入り口がありあます。日頃からその周辺にものを置かないように、また店内にお客様がいた場合にもスムーズに誘導できるように、避難ルートにあたる通路の片づけを徹底してください。

次に、皆さん自身の身の安全を図ることです。その記事によれば現在この市内での避難所の受け入れ人数は、想定される避難者人数に対してまったく足りていないそうです。万一の際には店に泊まり込む可能性もありますから、歩きやすい靴や防寒衣類など皆さんの私物もある程度、ロッカーに置いておきましょう。店でも社員全員が3日間は過ごせる水や食糧を整備する予定です。

常に安全管理を怠らず、今日も頑張っていきましょう。

新聞雑誌（社会記事）からネタを見つけよう　2

誇大広告から学ぶ

今朝の新聞に、ある携帯電話サービス業者が、通信速度や使用可能エリアを誇大広告し、消費者庁から違反を指摘され、再発防止策を求める措置命令を出された、という記事が掲載されていました。一度こういうことがあると信用を取り戻すのには大変な時間がかかることでしょう。

こうしたニュースは「自分たちとは関係ない業界のこと」「大手企業がやったこと」と思われがちです。しかし、考えてみてください。私たちもお客様への説明で、ついオーバーなことを言ったり、都合の悪いことを曖昧に表現したりしてしまうことはないでしょうか。あるいは皆さんがお客の立場で、そういう怪しい説明を受けたことはありませんか。

そういう説明をしたからといって、私たちが消費者庁から指摘されるということはありませんが、お客様からの信頼は失われてしまいます。

このような記事を他人事とは思わず、お客様への言動には十分注意しましょう。

新聞雑誌（読者投稿欄） 1
からネタを見つけよう

小学5年生から言葉の選び方を学ぶ

今朝の新聞に、小学5年生の投稿が載っていました。それを読んで反省させられたので、皆さんにも伝えたいと思います。

体育の時間の話です。2人組になって体操をする時、人数が半端だったためその子は1人なってしまいました。そこで他の生徒が「田中君があまっています」と先生に言ったんです。そうしたら先生が「田中君のところ、1人足りないんですね」と言い直してくれたそうなんです。その子は投稿で、「先生のひと言で、思いやりのある言葉の大事さがわかりました」と書いていました。

確かに、あまり者扱いされていい気持ちのする人はいませんね。でも例えば、私も掃除の時に「あまっている人は棚を整理して」などと言ってしまいます。これに限らず、嫌な感じを与える言葉を気づかずに使っているのではないか、と反省しました。

たまたま見た新聞で、思いがけず小学5年生に教えられました。皆さんも毎日のちょっとした発言に気を配ってみてください。

新聞雑誌（読者投稿欄）からネタを見つけよう　2

丁寧な言葉遣いを身につける

ある雑誌に、女子高校生の投稿が掲載されていました。専門学校を受験した際、面接で「言葉遣いが丁寧ですね」とほめられたのだそうです。飲食店のアルバイトをしているうちに丁寧な言葉遣いが身につき役立った、という内容でした。

私はそれを読んで「いいお店で働けてよかったね」と言ってあげたくなりました。バイトをすれば必ず丁寧な言葉遣いが身につくわけではありません。店のなかには、お客様にだけは敬語を使うけれども、スタッフ同士はぞんざいにしゃべっている、というところもあります。もし彼女のバイト先がそんなところだったら、面接でほめられるようなこともなかったでしょう。

私たちの店はどうでしょうか。もし私たちの仲間に明日から学生のバイトさんが入ったとしたら、いい言葉遣いを教えてあげられるでしょうか。うちにはバイトはいませんが、そういう目で自分を見直してみることも必要だと思います。

新聞雑誌（芸能・スポーツ欄）からネタを見つけよう　1

人気女優の理由

テレビでは、来週から新しいドラマがはじまりますね。そのなかでも、掘井アヤが主役を演じるドラマを、楽しみにしている人も多いのではないでしょうか。

先日、ある雑誌で「若手女優ランキング」という記事を見ましたが、掘井アヤが1位でした。もっと美人で演技力のある女優もいるのに、どうしてそんなに人気があるのか、正直、不思議です。

その雑誌によると、人気の理由は気配りと個性なんだそうです。気配りというのは、スタッフや記者に対して、常に「相手が何をして欲しいのか」を察して対応できること、そして個性は顔立ちも発言も「ちょっと変わってる」と思わせるところにあるそうです。

これって私たちの仕事でも同じですよね。お客様の要望がわからなければ仕事になりませんし、それだけでは「よそで買っても同じ」と思われてしまいます。

私もドラマを見て掘井アヤの魅力を研究してみようかと思います。人をひきつけるお店のヒントが見つかるかもしれません。

新聞雑誌（芸能・スポーツ欄）からネタを見つけよう　2

監督は店長、選手はスタッフ

雑誌に、あるプロ野球チームの監督のインタビューが掲載されていました。その監督は今季のシリーズの結果を振り返って、こう語っていました。

「反省として、もっと選手のコンディションを重視すべきだった。主力選手に故障者が続出してしまった。どんなに監督が尻を叩いたところで、結局試合をするのは選手。選手が働きやすい環境をつくるのが私たちの仕事。要するにベンチとグラウンドが一体にならなければ試合には勝てません」

私たちの店で言うならば、監督は店長、そして選手は売場に立つ皆さんです。皆さんが働きやすいよう職場環境をつくるのが私の大切な役割のひとつだと思いますので、この監督の言葉が身にしみます。

仕事上の問題、お客様の苦情、体調のことなど、何か思うことがあればなんでも相談してください。そうでなければ、私たちは試合、つまりビジネスに負けてしまうのです。みんなが一体となって頑張っていきましょう。

新聞雑誌（広告）からネタを見つけよう 1

納得のいく裏づけを解説する

先日、女性雑誌で、女性用のストレッチパンツの広告を見ました。内容は、そのパンツを履いたお客様の感想と、その感想のもとになった機能をグラフや図解で説明したものです。

例えば「すごくラク」という感想には「生地の伸縮率」という裏づけがあり、「お尻が小さく見える」という感想も「ポケット位置を高めに設定した」からだということが一目瞭然で理解できる、とても説得力のある構成でした。

接客しているとわかる通り、お客様に「いいですよ。効果がありますよ」と言うだけでは納得されません。それぞれの効果の理由、裏づけ、データもあわせてお伝えして、はじめて「それなら買ってもいいかな」と思うものです。この広告は、まさに紙面で接客しているように見えました。

広告には購買意欲を高める工夫がいっぱい詰まっています。皆さんも「これはいいな」と思うものを探してみると勉強になります。

新聞雑誌（広告）からネタを見つけよう　2

創業100年企業から不変性を学ぶ

昨日の新聞に、有名企業の創業100年を記念する全面広告が出ましたね。雑誌やネット上でも記念キャンペーンを展開しているので、みんな知っていると思います。

新聞での全面広告は、100年の歴史を年表のようにイラスト化したものでした。これを見て改めて、この企業の姿勢はすごいものだと思いました。時代と共に、いろいろな商品が出ていますが、基本的な商品デザインやロゴはほとんど変化していません。古臭いデザインですが、それがかえって歴史をアピールしています。

うちの店はまだ創業10年ですから、歴史などはありませんが、それでも変えてはいけないものがあると思っています。もちろん変えたほうがいいものもたくさんありますが、「今はこれが流行しているから」という理由では変えないつもりです。流行を追いかけるのではなく、私たちの商品、サービスが100年後にも残れるものにしていきましょう。

新聞雑誌（コラム）からネタを見つけよう 1

感動的な買い物の演出家になる

雑誌のコラムで読んだのですが、ある芸能人は自己流で「みたらし団子」をつくったり、家で食べる米を、運送会社に頼まず福島までトラックを自分で運転して取りに行ったりしているそうです。

その理由はただひとつ、「楽しいから」。そして、便利さとは面白いところを切り捨てることで、何でも簡単に手に入ると、幸せ感も薄くなるという内容でした。

皆さん、私たち小売店の存在価値は、この話のなかにあると思いませんか？　今の時代、ネットショップを使えばパソコンをクリックするだけで、商品が家に届きます。でも、お客様はわざわざ店まで足を運んでくださいます。それは便利さには替えられない楽しみと、手に入れた時の感動を味わうためでしょう。

ですから、私たちはお客様の感動的な買い物の演出家にならないといけませんね。買い物の意味を見直させてくれたコラムでした。

新聞雑誌（コラム）からネタを見つけよう　2

トラブルの解決を一過性のものにしない

先日雑誌で、扉が開いたままのエレベーターが上昇し、死亡事故につながったトラブルのコラムを読みました。実は、これと同じ事故が5年前に起きた時、政府は事故を防止するための補助ブレーキの設置を義務づけていたそうです。

しかし、その義務は法改正前に設置されたエレベーターには適用されておらず、今回事故を起こしたエレベーターは、法改正以前のものでした。これは、すべてのエレベーターに設置を義務づけると費用もかかり、工事のために使用できなくなる高層施設に不便や負担を強いることになるため、なかなか簡単には実施できないからだそうです。しかしそのためにまた事故が起こったのは残念なことです。

私たちの仕事の場合も、失敗が繰り返されるのは解決策がその場しのぎで、根本的な解決になっていなかったり、徹底できていない時ではないでしょうか。世の中にはいろいろな事故がありますが、それらは決して他人事ではありません。

ニュースサイトからネタを見つけよう 1

シニア層のお客様に目を向ける

先日、ネットのニュースで、「シニアシフト」という言葉を見つけました。これは高齢化に合わせて、企業がターゲットとする顧客層を若年層から高齢者層にシフトさせることだそうです。例としては、顧客の8割が50歳以上の旅行会社や、おむつ市場で赤ちゃん向けと大人向けの比率が逆転することなどがあげられていました。

小売業でも同様の傾向があります。郊外のショッピングセンターも、エスカレーターの速度を遅くする、値札の文字を大きくする、さらに商品の宅配サービスを充実させるなどを工夫しています。

私たちの店でも、最近、高齢のお客様が増えているようです。現段階ではシニアをターゲットとしているわけではありませんが、ご来店のお客様の話を伺ったり、様子を観察して、何かできるサービスはないか考えてみてください。シニアの方の目線になることで、新しいお店づくりにつながるかもしれません。

ニュースサイトからネタを見つけよう　2

将来のために新しいサービスを常に考える

先日、あるニュースサイトで、外資系ＩＴ企業の日本法人におけるリストラ記事を見ました。業務時間中に突然呼び出され解雇を告げられ、そのまま会社を出なければならないという、私たち日本人には映画でしか見たことがないような解雇がはじまっているそうです。

そうなった原因は、その日本法人がこれまでの約20年間、新しい技術やサービスを生み出せず、ずるずると売上を減らしてきたことにあるそうです。ＩＴ業界の巨人と言われた国際企業ですら、常に新しい商品やサービスを開発しなければ、破綻してしまうのです。

テレビや新聞では報道されなくても、このような状況にある会社が日本中にたくさんあると思います。大企業でもこうなってしまうのですから、私たちのような小さな店であれば、なおさら「将来は大丈夫」とは言えません。常により工夫できること、新しくサービスできることはないか、考えながら仕事をしてください。

ネット・キーワード検索 1
からネタを見つけよう

顧客層の傾向を知る

休日に家のパソコンで、今の若い女性には何が流行っているのかなあと思い、「女性」「トレンド」で検索をかけてみました。するといろいろなものがあがってきたのですが、なかでも印象に残ったのが「守り志向」というキーワードです。

女性は今、友達の間で浮かないように気をつける、お金は使わないで貯金にまわす、彼氏にするなら安定した職業の人を選ぶなど、いろいろな面で守りに入っているそうです。

こういう情報を鵜呑みにするのもよくありませんが、考えるヒントには活用できますね。

例えばうちの店の商品でも、守り志向のお客様であれば「長持ち」とか「何にでも合わせられる」とソフトにアピールしたほうがいいですし、逆に攻め志向のお客様であれば「最高品質」とか「絶対目立つ」と強気にいったほうがいいわけです。

検索した時には、流行っている商品やサービスがヒットするかなと思っていたのですが、思いがけないキーワードが見つかったのは参考になりました。

ネット・キーワード検索からネタを見つけよう　2

ネットによる消費者の行動の変化

先日、「買い物」「安い」というキーワードを検索したら、有名な商品価格比較サイトの創業者のインタビュー記事が出てきました。この会社は商品価格比較サイトだけでなく、飲食店の口コミ評価サイトや、ツアー旅行価格比較サイトも運営しています。

この比較サイトが成功したキーポイントは、「最安値がわかる」「情報が常に新しい」「消費者同士で情報交換できる」の3つだということでした。

つまり今のお客様は、もう「よくわからないまま何かを買ってしまう」ということはないわけで、この創業者は、サイトを通じて消費者の行動を大きく変えた人だと言えます。

こうした環境でビジネスをするためには、常に適正な価格をつけ、常に情報を発信し、そしてお客様に高く評価していただくことが欠かせません。「うちは地域密着型だから」「お得意様がついているから」と油断することなく、仕事に取り組んでいきましょう。

ソーシャル・ネットワーク・サービス 1
からネタを見つけよう

「もし〜だったら？」の視点を持とう

Facebookの友達で、とても読書好きな人がいます。毎日のように本の紹介を投稿しているのですが、そのなかに科学の思考実験の本がありました。

その本は章のタイトルがすべて「もし〜だったら？」という質問になっているそうです。例えば、「もしあなたが猫だったら、世界はあなたの目にどう映るのか？」というようなものです。私は、科学にあまり興味がないので、自分では見向きもしない本だと思いましたが、投稿した人が「みんなが、『もし〜だったら？』と考える視点を持てれば、人間関係もよくなっていくのでは」と書いているのにひきつけられました。

これは非常に重要な考え方だと思います。例えば次のような質問を考えてみてください。「もし私がこの店のお客様だったら？」「もし私が同業者だったら？」「もし私が店長だったら？」。そうすると違ったものの見方ができるでしょう。いいアイデアが見つかるかもしれません。ぜひ、この思考実験を試してみてください。

ソーシャル・ネットワーク・サービスからネタを見つけよう 2

口コミ伝達の速さを意識する

Twitterは有名人やアイドルとも気軽につながることができる点が面白いところですよね。実は私は、タレントの湯川美香さんをフォローしています。

この湯川さんが先日、Twitterでちょっとした議論を巻き起こしました。湯川さんがある店の料理について「おいしくない」とつぶやいたのですが、それが何千人にもリツイートされ、「影響力のある人がそういう発言はよくない」「個人の正直な感想を言って何が悪い」と、フォロアーの間で議論になったのです。

その議論はともかく、何千人という見ず知らずの人が、ネット上でリアルタイムに意見を発信し合っている様子には驚きます。口コミの概念がまったく今までとは変わったのだな、と実感しました。

うちのお客様にもTwitterやFacebookを利用している方がたくさんいらっしゃるはずです。新しいコミュニケーションツールで情報が伝わっていく時代に、私ももっと敏感にならなければ、と思いました。

ブログ・サイト　1
からネタを見つけよう

業界にいるからこそ、問題解決できる自覚を持つ

先日、ある有名な小売店チェーンの社長のブログを読みました。そこに、「その業界をよくするスイッチは、その業界にいる人にしかわからない」という文章がありました。

どういうことかというと、部屋の明かりがまぶしくて眠れない時、解決策は明かりを消すことですね。しかしスイッチの場所がわからなければ事態は改善しません。そしてスイッチの場所はその部屋の住人でなければすぐにはわからないでしょう。部屋は業界、明かりは問題、スイッチは解決策のたとえです。つまり、その業界にいる人でないと、業界を変える方法はわからない、ということです。

お客様は私たちの業界について、さまざまな不満や感想をお持ちでしょう。しかし、改善策を見つけることはできません。改善できるのは、この業界内部のことを知っている私たちだけなのです。

その問題点を自覚し、解決策を探し、実行する意識を持って、今日も1日、取り組んでいきましょう。

ブログ・サイトからネタを見つけよう 2

「人」をアピールして「物」を売る

先日、ネットサーフィンをしていたら、ある販売サイトを見つけました。名産品を売っている地方企業のサイトなのですが、思わず目を引かれました。野菜をつくる人、工場で加工する人、そして販売する人それぞれが写真と名前入りで紹介されていたからです。

もちろん、商品そのものの紹介や写真も載っていましたが、物よりもまず人を見てもらおう、というサイトの姿勢にとても感心しました。

大手のネットショップでは、物と値段だけをでかでかと載せ、いかにいい品か、いかに安いかをアピールするものが多いですよね。それに比べると、まわりくどい感じもしますが、親しみやすさや信頼感が持てます。そうなると不思議なもので多少高くても「買ってみたい」という気にもなります。

ネット販売の世界でも、こうした工夫と努力で競争しているのだなあ、と改めて実感しました。店頭販売でもとても参考になると思います。

テレビ（バラエティ番組）1
からネタを見つけよう

お客様に買い物を楽しんでもらう店員の大切さ

テレビではさまざまな世界が展開します。昨日見ていたバラエティ番組では、信じられないくらい豪華な家に住んでいる人が出ていました。もちろん、おおげさな演出もあることでしょう。しかし、そういうものを楽しく見てしまうのは、やはりテレビには夢と親しみやすさがあるからだと思います。

特に、親しみやすい司会者やタレントが活躍する番組にはひきつけられますね。どんなに現実離れした内容でも、その人たちがうまく紹介したり、視聴者と同じ目線で驚いたりしていると、その魅力でつい見てしまうのです。

ショッピングも同じではないでしょうか。お客様は新しい品物を買いたい、という夢を持って来店されますが、そこに、魅力的なタレント、つまり私たち店員がいてこそ、親しみが持て、買い物もしやすくなります。

お客様にどうしたら親しんでもらえるか、楽しんでもらえるかをタレントになったつもりで考えると仕事の幅も広がってきます。

テレビ（バラエティ番組）からネタを見つけよう 2

店の空気を盛り上げる役目になろう

「ひな壇芸人」という言葉を知っていますか？　これは、主にトーク番組で、司会者とゲスト以外に、後ろの壇になっている席に座っている芸人たちのことです。しょうもないことを言って場の空気を盛り上げるのですが、なかには的確なツッコミをして存在感を示す芸人もいますね。とっさに面白い発言をするのですから、なかなかたいしたものだと思います。

私は皆さん、特に新人にはぜひそういう存在になって欲しいと思っています。司会やゲストほど目立つわけではありませんが、雰囲気をつくるのに欠かせない存在、そして時にはドキッとする発言をして、みんなをひきつけたり、盛り上げたりする。そういう存在を目指すことで、職場も活性化していきますし、皆さんの成長にもつながります。

もちろん、空気が読めず、話の流れを壊すような言動をしては評価されないことは芸人も私たちも同じです。どうすれば自分の存在感を発揮できるか、テレビを見ながら考えてみるのも面白いでしょう。

テレビ（ドラマ）からネタを見つけよう 1

お客様にとって相談したい人になろう

私は今、見ているドラマがあります。学園モノなのですが、舞台のひとつに喫茶店が出てきます。そこに生徒たちが放課後、なんとなく集まって来てはマスターにいろいろな話をする、という設定です。

マスターは生徒たちとは年が離れていますが、親でも先生でもない友達のような大人として、みんなに親しまれています。

私はこのドラマを見るたび、誰にでもそういう人、つまり直接的なつながりはないけれど、頼りになる第三者が必要だなあと思います。先生や親には言いたくない、でも友達では頼りにならない。そういう場合って誰にでもありますよね。

例えば、お客様が私たちに「これ、どうでしょう?」と相談される時の心理に似ているかもしれません。直接、深い関係がない相手だからこそ相談してみたい、そして客観的な意見をもらいたいという気持ちですね。その気持ちにしっかり応えられるような頼りになる人になりたいと思います。

テレビ（ドラマ）からネタを見つけよう　2

お客様が求めているものをつかむ力

皆さん、A局のドラマ「永遠の桜」を見ましたか？　このドラマ、テレビ局が力を入れた割には視聴率が悪かったそうで、「スケールが小さい」とか「主役に魅力がない」とか、いろいろ言われています。

私も、第1回目を見ましたが、正直、続けて見たいとは思いませんでした。

なぜかというと、はっきり言っていい気持ちになれないからです。登場人物がそれぞれ秘密を持っていて今後の展開が気にはなりますが、なんか見ていて疲れるな、暗いな、という感じがします。

1日の仕事を終えてリラックスする時間なのに、そんなドラマは見たくないですよね。制作側がいくら頑張っても、見る側の好みに合わなければ意味がありません。

今、何が求められているのか、どんなものが好まれるのか、お客様のニーズをつかむ力がないとうまくいかないのは、テレビも私たちの店の仕事も変わりはありませんね。今日も、しっかりお客様の声に耳を傾けていきましょう。

テレビ（ニュース番組）からネタを見つけよう 1

ニュースはすべての事実を伝えていない

皆さんはニュース番組を見ていますか。見るとしたらどんな番組ですか。同じ夜9時台のニュースでも、NHKと民放では、番組の構成や内容はもちろん、キャスターの個性も違いますよね。

最近は、ニュースにもバラエティ的な要素が入ってきて、タレントのようなキャスターや解説者もいます。視聴者の間でも、「キャスターの余計な発言や演出はいらない。淡々と事実を伝えればいい」という人と、「個性のあるキャスターが面白く解説してくれたほうがわかりやすい」という人に分かれているようです。皆さんはどちらでしょうか。

どちらにしても大切なのは、どちらも「本当の事実」を伝えているわけではないことです。世の中で起こっているたくさんの出来事からごく一部を取り出し、限られた時間で編集しているのですから、それは必ず誰かがつくったものになります。

そのことをいつも忘れずにテレビを見ることが大切だと、私は考えています。

テレビ（ニュース番組）2
からネタを見つけよう

読めない天気図でも意味がある

皆さんは天気図を読めますか。テレビの天気予報を見ると、「ここに低気圧が」とか「西高東低の気圧配置で」とかキャスターがいろいろ説明してくれますが、私は、晴れや雨のマークを見るだけです。

多分、ほとんどの人が私と同じで天気図がわからないと思うのですが、それでも必ず説明が入るのはなぜなのでしょうか。もちろん、海の上や山で働く人など天気図が必要な人もいるので欠かせないからでしょう。

でも私はもうひとつ理由があるんじゃないかと思っています。それは、説明に説得力を持たせて視聴者の満足感を高めるためです。わからなくても専門的なもので説明されれば、「なるほど」と思いますし「見てよかったな」とも思いますよね。晴れや雨のマークだけでは、この気持ちは味わえません。

情報が多いほうがなんとなく納得し満足できる、そんな心理を発見したような気がしますが、皆さんはどう考えるでしょうか。

身近な出来事からネタを見つけよう 1

相手の気持ちを考えて言葉を発する

先日、たまたま入ったファーストフード店でのことです。けっこう混んでいて、隣の席に座った男女2人の会話がまる聞こえでした。タレントの話をしていて、女性のほうが「Aって可愛いよね」と言ったんです。そうしたら男のほうが「そうだね、おまえ、Aに似てるよね」って。そう答えたとたん、女性の方はムッとして黙ってしまいました。

「その返事はないでしょう。女の気持ちのわからない人だな」と、私もあきれてしまいました。

みんなも知っている通り、Aは小太りの三枚目キャラで決して美人とは言えません。明るくて可愛いので人気がありますが、彼女が「似てる」と言われて喜ぶようなタレントではなかったのです。

言葉の奥にある相手の気持ちを考えず、言葉の表面だけにとらわれていると失敗します。私たちも実は気づかないうちに、どこかで誰かをムッとさせているかもしれません。接客の場では特に気をつけたいことですね。

身近な出来事
からネタを見つけよう　2

自分だけで店はまわらない

この度はひどい風邪をひいてお休みしてしまい、皆さんに迷惑をかけました。申し訳ありません。しっかりバックアップしてくれて、感謝しています。

今回参ったのは、喉をやられて声がまったく出なくなったことです。声が出ないとお店に出られませんから、病院に行って「すぐ声が出るようにしてください。仕事があるんです」と言いました。そうしたらお医者さんに、こう言われたのです。

「あのね、人間がどんなに偉そうにしても、病気には勝てないの。治るまで待つしかないの。なんでも自分の思い通りにできるわけはないよね」って。はっとしました。

仕事では常に努力して目標達成することが求められます。もちろんそれは大切ですが、「自分が頑張らなければ」とばかり思い込むのも間違っています。

現に私がいなくても、お店は皆さんのおかげでうまくまわっていたわけですしね。ストレスと上手に付き合うためのコツを、お医者さんから教わったような気がしました。

身近な出来事からネタを見つけよう 3

「計画」の意味を考える

先日、旅行コンダクターをされている方の本を読みました。その方は旅行会社のベテラン社員として、世界各国をコンダクターとしてまわっていらっしゃるそうです。

いろいろな体験が書いてあるのですが、特に印象に残ったことがあります。それは「どんなに詳細なガイドブックを読んでも、綿密な事前調査をしても、結局は行ってみないとわからない」ということです。思いがけない天災やトラブルはあって当然で、そこでどう臨機応変に対処するかが、腕の見せ所だそうです。

また一方でその方は、「行ってみないとわからないからと言って、計画を立てずに行動すると危険です」と、一般の旅行者に注意を呼びかけていました。

「計画を立ててもその通りにはいかない、しかし計画を立てないとうまくいかない」これは私たちの仕事も同じですね。

旅行業と私たちの業界とではまったく違うだろうと思っていたのですが、どんな仕事にも共通点があり、学ぶ点があると思いました。

朝礼スピーチのネタはどこにでもある

さまざまなところからスピーチのネタを探してみました。世の中は情報や出来事、そして大勢の人で溢れていますから、これ以外にもいくらでも、スピーチにできる内容があるはずです。

ネタを見つけられる観察力、感性があれば、毎日朝礼を行なったとしても、「何を話せばいいのか」と困ることはないはずです。

身のまわりのネタを最大限、有効活用してください。

Column 4

周囲の人に学ぼう

何事も上達するためには、うまい人を真似るのが近道です。身近に「スピーチがうまいなあ」と思える人がいたら真似してみましょう。

自分の職場、あるいは業界内を見まわしてみれば、必ず１人や２人はスピーチ上手がいるはずです。そういう人がいたら「どうして『上手』と思うんだろう。どこに特徴があるんだろう」と注目し、そこを見習ってみてください。

テレビタレントやアナウンサーなどで好きな人がいれば、その人をお手本にするのもいいでしょう。

また、お手本は部分的でも構いません。それほど話し上手とは思えない人であっても、それなりの長所は持っているものです。

「話はまとまっていないけれど、態度は堂々としていてつい引き込まれる」とか「声は小さいけれど、論理的で信頼感がある」など、一部分でもいいところを見つけてみましょう。そういう気持ちでいれば部下や後輩からも学ぶところがあるはずです。

また､反面教師という見方もあります。｢あの人の話､下手でうんざり……」という人がまわりにいたら､やはり「どうして『下手』だと感じるんだろう。何が原因なんだろう」と分析してみましょう。もしかしたら、自分も同じことをしているかもしれません。原因が見つかれば、それを改善するだけでスピーチは見違えるようになります。

周囲から学ぶ姿勢があれば、スピーチにもっと興味が持てるようになるでしょう。

❻章

スピーチ指導で
お店のモチベーションを
アップする

スタッフのスピーチを指導しよう

朝礼では店長だけでなく、スタッフがスピーチを行なう場合もあります。なかには、スタッフが交代、持ち回りでスピーチを担当するところも多いようです。

このような朝礼のやり方は、スタッフ同士のコミュニケーションを図るのに効果的ですし、また**職場内教育の一環**としても役立ちます。

誰でも、いつも一方的に店長の話を聞かされるだけでは面白くありません。自分にも出番があってこそ、参加意識が高まります。

話すのは店長やリーダーだけ、スタッフは聞くだけ、という朝礼をしているお店は、朝礼の活性化のためにぜひ一度、やってみて欲しい方法です。

しかし、これは単に「スタッフに話をさせればいい」ということではありません。それなりの工夫をしないと逆効果になることもあります。

実際、スタッフのスピーチを行なっているお店のなかで、こんな不満が聞こえることもあります。

「スピーチをさせられるのが嫌で、朝礼が苦痛」

「同僚のつまらない話を聞かされるのは、時間のムダ」

「どうせ誰も聞いていないのだから、意味がない」

このように、スピーチをする人は「順番だから仕方がない」と嫌々話し、聞く人も我慢して終わるのを待っているという状態では、活性化どころか、だれた雰囲気になって、仕事のやる気もなくなってしまいます。

なかには、スタッフのスピーチでおおいに盛り上がり、誰もが競って話したがるようなお店もありますが、それはごく一部で、多くの場合は「スピーチは嫌だ」というスタッフの不満を生むだけで終わっているようです。

せっかく「朝礼を活性化しよう」とスピーチを取り入れたのに、こういう残念な状態になってしまうのはなぜなのでしょうか。

それは、**店長の朝礼スピーチに対する理解と指導力**に問題があるからです。

朝礼が盛り上がる店の店長は、スタッフがスピーチをすることの意義をしっかり理解しています。

「なんのために職場でスピーチをするのか」、そして「スピーチがうまくなると仕事にどんな効果があるのか」を、店長がしっかり認識し、スタッフにも伝えています。

そのうえで、苦手なスタッフもうまくなれるように適切な指導、アドバイスをします。そしてスピーチをしたスタッフには適切なフィードバックをし、ほめ言葉をかけることも欠かしません。また、仲間同士でスピーチをよく聞き、ほめたり感想を伝え合うようにも促します。

「スピーチをすれば店長や仲間からほめられる。仕事もうまくいく。スピーチも仕事の一環として大事なんだ」

スタッフ全員がこう感じるような雰囲気、環境づくりをしているのです。

単に「自分だけが話すのは大変だから、スタッフにも話させよう」とか、「一方的な朝礼よりも参加型のほうがみんなも退屈しないだろう」という程度の考え方では、なかなかうまくはいきません。

せっかくの朝礼という機会をみんなが積極的に活用できるように、ここでスタッフ参加型でスピーチを行なう場合について考えてみましょう。

スタッフ参加型の朝礼スピーチの効果

朝礼にスピーチを取り入れると、スタッフ教育として次のような効果が生まれます。

・人前で堂々と振る舞えるようになる

「みんなの前に出るのは照れくさい」という人でも、回数を重ねていくと、だんだんと慣れてきます。人前に出ることに気遅れを感じなくなり、大きな声で話せるようになれば商品説明もうまくなりますし、難しいクレーム客にも落ちついて対応できるようにもなります。

・高い問題意識を持てるようになる

スピーチのネタを探すことで、周囲や社会の出来事に関心を持つようになります。今まで読まなかった本や新聞を読んだり、さまざまなことを積極的に情報収集をするようになれば、話題も豊富になり、お客様からの信頼も深まるでしょう。

・スタッフ同士のコミュニケーションがよくなる

普段のおしゃべりとは違い、短時間でもまとまった内容を話すスピーチは、話し手の人柄や考え方を深く伝えます。その話をお互いに聞くことで、「あの人はこういう人だったのか」と、意外な面も見え、相互理解が深まります。

・業務への取り組み姿勢が向上する

朝礼スピーチを通じて「みんなでやろう」「もっとよい話をしよう」「人のいいところを見つけよう」という姿勢が定着すると、仕事の他の場面でも、苦手なこともみんなでやっていこう、という意識が高まり、チームワークの向上につながります。

・リーダーシップの育成ができる

大勢の人に自分の考えを的確に伝えることは、将来店長になる人にとっては欠かせない能力です。これが得意な人はリーダーシップが備わっていると言えますし、不得意でもそこを克服すれば立派なリーダーになれる人もいます。次の店長候補を見つけて育てる場としても、朝礼スピーチは役立ちます。

こうした点をしっかり店長が自覚し、またスタッフにも理解させていくことで、朝礼スピーチの効果が高まります。

スタッフのスピーチを指導する際のポイント

スタッフがスピーチを発表したら、そのままにせず、必ずなんらかのコメントをしてあげましょう。よいところがあればほめ、改善したほうがいい点があればはっきりと指摘します。

時間があれば、朝礼のその場で、みんなの前でコメントしましょう。特によい点はみんなの前でほめてあげれば本人のやる気も上がりますし、他の人も「自分も頑張ろう」と前向きになります。

改善すべき点も、「こうすれば次はもっとよくなる」と、好意的なアドバイスとして伝えれば、他の人にとっても勉強になります。時間がない時や、短い言葉ではうまく言えないような時は、あとで本人にだけ伝えてもよいでしょう。

また、もしもスピーチを嫌がっていい加減な態度を取ったり、適当な話でその場をしのごうとするような人がいたら、毅然とした態度で注意してください。やる気のない人に対しても、「まあ、頑張ったんだからいいよね」「やりたくないよね、しょうがないよね」という態度を店長が見せれば、他の人もいい加減に済ますようになります。

スピーチがうまくなることが仕事の向上にもつながるという考え方をぶらさず、また、スピーチ指導も店長の仕事だという意識を忘れないようにしましょう。

スタッフがスピーチをはじめたら、漠然と話を聞くのではなく、次の3点のチェックポイントに注意して聞きましょう。

コメントにあたってもチェックポイントに沿って、具体的に評価、指摘すれば、自分のなかでも整理して考え、伝えることができます。

・価値のある内容になっているか

聞いた人が「なるほど、勉強になったな」とか、「いい話を聞いたな」と思えるような内容であることが求められます。スタッフの場合、2章で述べた「知識を与える」「感動を与える」ものに少しでもあてはまる内容であることが望ましいです。

・信頼感を与える態度がとれたか

照れくささや緊張感が表情や態度に出てしまうようであれば、アドバイスしましょう。また声の大きさや視線配りなども重要です。これについては1章で述べた「ノンバーバル要素」についての項目を参照してください。

・適切な言葉遣いと構成ができたか

同僚が聞き手であっても、「聞き手がお客様だったら」「社外の人も聞いているとしたら」という前提で、正しくわかりやすい言葉遣いと構成を心がけます。構成については3章のパターンを活用しましょう。

慣れてきたら、店長が指導するだけでなく、スタッフ同士でコメントし合うのもよいでしょう。その際には「チェックシート」を使うのも効果があります。簡単なシートの例をあげますので、参考にしてください。これを参考に、もっとチェック項目を詳しく記入したり、採点を5点満点や10点満点に変更するなど、自分のお店で使いやすいように工夫してください。

スピーチチェックシート例

チェック項目	チェックポイント	評価	コメント（気づいたことなど）
内容の価値	「なるほど、いい話を聞いた」と感じられるか	A　B　C	
発表態度	信頼感のある落ち着いた態度がとれているか	A　B　C	
言葉遣いと構成	丁寧な言葉遣いで、構成がしっかりしているか	A　B　C	
総合評価	全体的に朝礼にふさわしいいいスピーチだったか	A　B　C	

それでは、次ページから改善が必要なスピーチをどうアドバイスするか、例を示します。同じ内容であっても、少し見方を変えたり、内容をふくらませたり、文章構成や表現などを工夫するだけで、よりよいものになります。これらに加えて、ここでは特に記述しませんが、ノンバーバル要素の面も忘れずに指導してください。

改善が必要なスピーチ例「ＮＧ例」とアドバイスのポイント、そして改善した例「ＯＫ例」をあげます。

例（1）

NG例 映画のよさを説明し、すすめる

昨日の休みの話をします。昨日は休みだったので、午前中に洗濯をして、それからせっかく自由な時間があるのに自分の部屋にいるだけではもったいないと思い、久しぶりに映画を観に行ってきました。

日比谷に行ったんですけど、平日なのでそんなに混んでいなくてよかったです。観たのは「大空の記憶」という映画です。私の好きな大田真美が出ているので、観たいと思っていました。大田真美が可愛くて、特に、ラストシーンの泣き顔が印象的で、ますますファンになりました。ストーリーも感動的だったので、皆さんもぜひ観るといいと思います。

映画が終わってからはちょっと買い物して帰りました。やっぱり休みの日は家にばかりいないで外出したほうが気分転換になっていいなと思いました。以上です。

アドバイス 「映画のよさを説明し、すすめる」、または「休日の気分転換をすすめる」のどちらかのテーマで、聞き手に「自分もやってみよう」という気持ちを起こさせるようにしてみましょう。

OK例　テーマを絞る

昨日の休みの話をします。昨日は休みだったので、午前中に洗濯をして、それからせっかく自由な時間があるのに自分の部屋にいるだけではもったいないと思い、久しぶりに映画を観に行ってきました。

観たのは「大空の記憶」という映画です。私の好きな大田真美が出ているので、観たいと思っていたのですが、とてもよかったので皆さんにもおすすめします。おすすめのポイントは、ストーリーが感動的なことです。女子大生が、夏休みに被災地でボランティア活動をするのですが、厳しい現実に傷つくという内容です。ハッピーエンドではなく、最後は主役の大田真美は涙を流して終わります。でもそこに、単純ではない深い感動があるんです。とても印象的なシーンなので、皆さんにもぜひおすすめします。

休日に映画を観るのはいい気分転換になりました。それだけでなく、困っている人に自分は何ができるのかを改めて考える機会にもなってよかったと思います。

例(2)

NG例 常連になる理由を探る

今朝、みんなに「髪の毛切った?」と言われたんですけど、その通りでして、昨日、近所の床屋に行ってきました。子どもの時からずっと行っている古い床屋です。値段はちょっと高めで、最近では1000円カットの店も増えているから、そっちに行こうかなと思うこともあります。それか、どうせならもっと奮発しておしゃれな美容室にも行ってみたいなと思うんですが、結局、その店に行ってしまいます。やっぱり、慣れているところが一番ラクでいいですよね。お店の人と知り合いですと、いちいち髪型も細かく説明しなくて済みますし。

その床屋からすれば、私は常連のいいお客ですよね。その店、結構流行っていまして、他にも常連がいっぱいいる感じです。うちの店にも常連さんがたくさんいますけど、改めて、常連客をつかむって大事なんだなと思いました。

アドバイス せっかく日常の出来事から仕事の話に展開しましたが、考えが深められていないのが残念です。「なぜ常連になってしまうのか」を深く考え、整理して話してみましょう。

OK例　話を深掘りする

今朝、みんなに「髪の毛切ったの？」と言われたんですけど、その通りでして、昨日、近所の床屋に行ってきました。子どもの時からずっと行っている古い床屋です。値段はちょっと高めで、最近では1000円カットの店も増えているし、そっちに行こうかなと思うこともあります。それか、どうせならもっと奮発しておしゃれな美容室にも行ってみたいなと思うんですが、結局、その店に行ってしまいます。

なぜかというと、やっぱり、慣れているところが一番ラクだからです。

いちいち髪型も細かく説明しなくて済むし、お互いに名前を知っているのも安心です。それに僕が好きな雑誌までわかっていて、座るとさっとその雑誌を出してくれるのもうれしいです。

その店、結構流行っていまして、他にも常連さんがいっぱいいます。私もこの店で、もっと常連さんをつかめるように、まずはお客様のことをよく見て、覚えるように頑張らないといけないな、と思いました。

例(3)

NG例 セールを頑張ろう

来月、このショッピングモール全体でセールをしますので、ちょっとその話をしたいと思います。

去年、私ははじめてこのセールを経験したんですけど、モール全体で行なうだけにとにかく集客がすごくて、ものすごく忙しかったです。でも、売上げも上がりましたし、疲れましたけど、私個人としては販売員としていい経験ができ、成長できたと思っています。

セールの結果がよかったので年間売上も達成できました。だから新人の皆さんにも頑張って欲しいなと思っています。私もそうでしたが、新人の頃はお客様が一度にたくさん来るとパニックになってしまったりするんですけど、そういう日が何日も続くとやっぱりそれなりにうまく対処できるようになるんですよね。そうすると、お買い上げを決めてくださるお客様も増えて売上げも上がりますし、本当にいい経験ですから、来月のセール、頑張りましょう。

アドバイス 「セールを頑張ろう」というメッセージははっきりしていますが、その理由や説明が整理されていない点が残念です。PREP法を使い、構成を工夫してみましょう。

OK例　PREP法を活用

　来月、このショッピングモール全体でセールをしますので、ちょっとその話をしたいと思います。このセールは、新人の皆さんには大変いい経験になると思いますので、ぜひ頑張って欲しいです。

　なぜなら、私も去年はじめてこのセールを経験して、とても自分が成長できたと思っているからです。

　新人ですから、お客様が一度にたくさん来るとどうしてもパニックになってしまうんですけど、そういう日が何日も続くと、やっぱりそれなりにうまく対処できるようになるんです。そうすると、お買い上げを決めてくださるお客様も増えて売上げも上がります。セールでの売上げ、それにそこで培った経験のおかげで、年間売上も達成することができました。

　もちろん、ものすごく忙しくて疲れますけど、それを乗り越えると必ず、皆さんの成長につながると思います。来月のセール、頑張りましょう。

例（4）

NG例 新年度の目標を発表

新年度なので、私が今年やりたいことについて話します。まず英語の勉強をして英検を受けたいです。あと販売士の資格試験も受けてみたいです。最近は海外からのお客様も増えて、ちょっとした英会話はできないと困りますから。販売士のほうは、やはりこの仕事をする以上、勉強したほうがいいかなと思って、何かいい方法がないかと先輩に相談したら、すすめられたのでやってみる気になりました。両方共、まずは3級に挑戦するつもりです。

あと旅行にも行きたいです。勉強ばっかりだと疲れてしまうと思いますし、前から沖縄に行ってみたいと思っていましたから、今年のお盆休みには行ってみたいです。

去年はこのお店に入ったばっかりで、仕事に慣れるので精いっぱいであっという間に時間が経ってしまいました。今年はもう少し時間を上手に使って、いろいろなことをやってみたいと思っています。

アドバイス 意欲的な内容は好感が持てますが、まとまっていない印象です。いろいろな内容が含まれている話なので、それを箇条書きで整理してみましょう。

OK例　箇条書きを活用

新年度のはじめなので、私が今年やりたいことについて話します。私のやりたいことは、大きく分けて2つあります。勉強と旅行です。

勉強は、2つの試験に挑戦するつもりです。まずは英語で、英検3級を受けたいです。最近は海外からのお客様も増えて、ちょっとした英会話ができないと困るからです。もうひとつは販売士の資格試験で、こちらも3級に挑戦してみます。何か仕事について勉強する方法はないかと先輩に相談したら、この試験をすすめられてやってみる気になりました。

旅行は、沖縄に行きたいと思っています。勉強ばっかりだと疲れてしまうと思いますし、前から沖縄に行ってみたいと思っていましたから、今年のお盆休みには行ってみたいです。

去年はこのお店に入ったばっかりで、仕事に慣れるので精いっぱいであっという間に時間が経ってしまいました。今年はもう少し時間を上手に使って、いろいろなことをやってみたいと思っています。

例(5)

NG例 松下幸之助から学ぶ

先日、経営セミナーがありまして、入場無料だったのでちょっと行ってみました。そこで松下幸之助の話を聞いたので、皆さんにもお伝えします。松下幸之助は、松下電器の創業者で、小学校も中退なのに、事業で成功して経営の神様とまで言われた人だそうです。

そうしたなかで、一番大事にしていたことがトイレ掃除だそうです。大掃除の時、社員がトイレ掃除をやりたがらないのを見て、社長なのに自分が率先してやった話を聞いて、とても感動しました。そういう人が社長だから、会社も立派になるんだなと思いました。

トイレを掃除すると金運がよくなるとか、美人になるとかいう話もよく聞きますよね。信じていなかったのですが、本当かもしれませんね。

経営セミナーに行ったのははじめてだったのですが、講師の話が退屈じゃなくて、意外に面白かったので、また機会があれば行きたいです。

アドバイス 人から聞いた話ばかりでなく、自分の考えや行動、聞き手へのメッセージを含めて説得力を出したいです。構成も序論本論結論で整理してみましょう。

OK例　序論本論結論を活用

先日、経営セミナーがあったので行ってみました。そこで松下幸之助の話を聞いたので、皆さんにもお伝えします。松下幸之助は、松下電器の創業者で、小学校も中退なのに、事業で成功して経営の神様とまで言われた人だそうですが、なかでも印象深い話があります。

それは、松下幸之助が一番大事にしていたことが、トイレ掃除だということです。大掃除の時、社員がトイレ掃除をやりたがらないのを見て、社長なのに自分が率先してやったそうです。そういう人が社長だから、会社も立派になるんだなと思い、感動しました。

トイレを掃除すると金運がよくなるとか、美人になるとかいう話もよく聞きますよね。信じていなかったのですが、本当かもしれません。私もさっそく家のトイレを掃除してみました。

経営セミナーに行ったのははじめてだったのですが、ためになる話を聞けたのでまた機会があれば行くつもりです。皆さんも、もし興味があれば行ってみませんか。

スタッフの働きぶりが変わるOKスピーチ

NGスピーチの内容や構成を、OKスピーチにするコツがつかめたでしょうか。話の内容はその人が言いたいことですから、最大限尊重してあげましょう。そのうえで「もっと深められないか」「聞いてくれる人にも何かを感じさせられるか」を考えさせて、本人が話を広げられるように促してください。

また、「もっとわかりやすい言葉遣いや構成はないか」も考えさせるポイントです。このことにじっくりと取り組んでいけば、やがて誰もが立派なスピーチができるようになるでしょう。そうすれば、スタッフの働きぶり、お店の雰囲気も大きく変わるに違いありません。

❼章

店以外でのスピーチを強化しよう

店長・リーダーがスピーチする場は増えている

ここまで、お店でのスピーチについて述べてきました。本章では、お店以外の場でのスピーチについても考えてみましょう。

店長という責任ある立場になると、お店以外での活動も増え、大勢の人前でスピーチをするよう求められる機会も多くなるはずです。

「店でスタッフに話すのはいいけど、知らない人や偉い人の前では……」と尻込みするのはもったいないです。ぜひ、機会があったら積極的に引き受けましょう。

実は、お店以外の場でのスピーチは、それほど難しくはありません。

スタッフ向けのスピーチには、仕事のモチベーションアップという大きな目的がありました。しかし、お店の外では、「みんなのやる気を引き出さなければ」と頑張る必要はありません。

その場にふさわしい内容を、常識的なマナーを押さえて堂々と話せればそれでいいと言えます。

ひとつ頑張るところがあるとすれば、「さすが店長という責任ある地位に就いている人は立派だ」と、周囲の人から評価してもらうことでしょう。しかし、これも、日頃の朝礼で経験を積んでいる方でしたら、慌てることはないはずです。

普段通りに落ち着いて、そのうえで集まりの目的に沿った話ができれば、そこに自然と店長としての品格や貫録も伝わります。

それではスピーチの例をあげていきましょう。ここでは、よくある次の5つの場面を取り上げます。

仕事関係では、集まりの開会や閉会の挨拶、それに招待のお礼や祝辞などが主な内容となります。披露宴の祝辞、葬儀での弔辞は、自分なりの思いやエピソードを紹介しながら、式典の常識に沿ってまとめます。

それぞれの場面に合った内容を、例を参考にしながら工夫してみてください。

社内・業界関係の集まり

ここでは次の3つの場面での実例を見ていきます。

会の冒頭の挨拶は、聞き手に強い印象を与え、その会合の雰囲気を決めるものです。しっかりと大きな声で話しましょう。最初に話すのは緊張するものですが、いい意味での緊張感が会合のスタートを引き締まったものにしますので、堂々と声を出してください。

司会や幹事ならば、会合に対する責任感を見せ、参加者にも前向きに取り組んでもらうように呼びかけます。

閉会の場合は、その会が意義あるものであったことを印象づけるように努めましょう。

またいずれも、年長者や役職者、外部の人がいる際にはしっかりと敬意を表わすことも大切です。

社内だけで行なう場合でも、フォーマルな雰囲気を崩さないように行ないます。

社内・業界関係の集まり　1

チェーン店舗店長会議開会の挨拶

皆さん、おはようございます。ただいまより全国店長会議を開催いたします。私は、東京駅西口店店長の山田一郎でございます。本日の進行を務めさせていただきます。

さて本日は、社長はじめ、全国15店舗の店長および、経営企画室と営業統括部のスタッフ30名が一堂に会する貴重な機会です。皆様、それぞれお忙しいなかを集まっていますので、ぜひ有意義な会にしていきたいと考えております。

皆さんご承知の通り、この数年の経済政策の影響を受け、この業界にもいささか向かい風が吹いています。どの店舗も厳しい状況のなかで目標達成のために頑張っているわけです。しかし、それぞれの店が頑張るだけでは、なかなかうまくはいきません。全店で力を合わせ、同じ方向を目指してこそ、チームワークが生まれ、我々の強みが発揮されます。

本日は、そのチームワークを強化する貴重な機会です。ぜひ積極的に参加してください。

それでは、プログラムのはじめとして社長からのお話をいただきます。

社内・業界関係の集まり 2

業界団体懇親会（立食パーティ）開会の挨拶

皆さん、こんばんは。本日の懇親会の幹事を務めさせていただいておりますビューティスワン横浜店店長の、野口徹でございます。

本日は、皆様、お忙しいところ誠にありがとうございます。

早いものでもう秋分となりました。よく、暑さ寒さも彼岸まで、と言いますが、やはり次第に秋らしくなり、季節の移り変わりを感じます。

移り変わりと言えば、この懇親会もすでに8年目になりました。1、2年目は本当に顔合わせ程度でしたが、だんだんそのなかから業務協力をしたり、お取引先を紹介し合ったりなどのお付き合いが生まれてきたと聞いております。

今回は初参加の方もいらっしゃいますし、ぜひまた新たな人脈と可能性を拓いていければと願っております。皆さん、有意義な会になりますよう、積極的に情報交換をなさってください。

それではお待たせしました。まず会長に乾杯の音頭をお願いし、懇親会をはじめます。佐藤会長、お願いいたします。

社内・業界関係の集まり　3

業界勉強会閉会の挨拶

皆様、お疲れ様でした。本日の東京株式会社主催のセミナー「心理学を活かすマネジメント」は、おかげさまで、すべてのプログラムを終了いたしました。皆様のご参加、ありがとうございました。

また、ご講義くださいました帝都産業大学心理学部の山下教授、貴重な事例を発表してくださいましたＰＨＬ株式会社人事部長の杉山昭彦様に改めましてお礼を申し上げます。

今日のセミナーを通じ、今まで意識していなかった心の問題についての理解を深め、そして人間関係づくりのポイントを理解することができました。こうした知識や経験を分かち合うことが、業界全体の発展につながるものだと確信いたしました。

ご参加の皆様も、今日の学びをぜひそれぞれの職場で活用していただきたいと思います。

それでは、これを持ちまして閉会とさせていただきます。お忘れ物などございませんよう、お気をつけてお帰りください。本日は本当にありがとうございました。

業務関係のイベント

社内や関係者の親睦を深めるイベントとして新年会、暑気払い、忘年会の例を見ていきましょう。

こうした会は、リラックスした雰囲気で行ないたいものですので、堅苦しい挨拶は必要ありません。しかしそれでも、店長はその場のリーダーですから、最初と最後に「ここで一言お願いします」と言われるのは避けられません。

そういう時に「飲み会なのだから」と、くだけ過ぎた態度や言葉遣いをすると、品格がなくなり、その後の仕事の場での信頼も損ないます。あくまでも仕事を円滑にするための会だという意識を持ち、店長らしい内容を含めます。

また、幹事をねぎらうことも忘れないようにしましょう。また、ゲストをお招きしている際には、その人たちの名前をあげ、敬意を示します。

明るい表情やはずんだ声、そしてちょっとしたユーモアがあり、リラックスした雰囲気づくりをすれば堅苦しくはなりません。

業務関係のイベント 1

新年会開会の挨拶

それでは皆様、お集まりのようですので、まずは店長として一言ご挨拶を申し上げます。皆様、改めまして、新年あけましておめでとうございます。今年もどうぞよろしくお願いいたします。

さて、昨年の忘年会でもおおいに盛り上がりましたが、今日は新年会。本当に日の経つのは早いものです。こんなスピードで今年も時間が過ぎてゆくわけですから、ぼんやりしてはいられませんね。皆さんそれぞれ、年頭にいろいろな誓いや決意を固めたと思いますが、それを忘れずに1年間、頑張っていきましょう。

今日は、関東株式会社の鈴木社長、それに田崎部長もご参加くださいました。ぜひ楽しんでいただければと思います。

それでは、この後、社長からの年頭挨拶、続いて鈴木社長に乾杯の音頭をとっていただき、それから食事となります。明日からの仕事に差し支えない程度に、皆さん、おおいに飲んで盛り上がってください。

業務関係のイベント 2

暑気払い開会の挨拶

皆さん、こんばんは。幹事の高橋君から、まず店長が挨拶をするようにとのことですが、皆さんとしては「さっさと飲もうよ！」という気持ちだと思いますので、できるだけ短くして、乾杯の音頭をとらせてもらいます。

今日は店長としての役目はこれだけで、あとはひたすら飲んで食べるだけですから、そこはよろしくお願いします。

まずは幹事の高橋君、そして桜田さん、場所探しから予約など何もかも面倒を見てくれて、本当にお疲れ様でした。暑気払いでも、どんな飲み会、イベントでもみんなが楽しめるのは、裏でそれを支えてくれる人がいるからです。私たちも日頃仕事で、お客様に楽しんでいただくように頑張っているわけですから、今日はおおいにリラックスして日頃のストレスを発散しましょう。それと同時に、仲間への感謝、そしてお店の人や他のお客様への気配りも忘れないように。

それでは、乾杯しましょう。みんな、お疲れ様でした。乾杯！

業務関係のイベント 3

忘年会締めの挨拶

さて、それでは宴もたけなわではありますが、そろそろ締めにしたいと思います。

今日は、皆さんのおかげでおおいに盛り上がりました。特に、年末の忙しい時期にわざわざご参加くださいました、東京株式会社の斉藤社長、坂田部長、それに商品開発部の皆様、ありがとうございました。協力会社の皆さんのおかげで、今年も順調に仕事ができましたこと、改めてお礼を申し上げます。来年もどうぞ、よろしくお願いいたします。

スタッフの皆さんも、今年は本当にお疲れ様でした。大きなトラブルもなく、また年内の目標が達成できたのは皆さんのおかげです。来年は今年よりももっと厳しい環境になるかもしれませんが、今日、養ったパワーでみんなで一丸となってやっていきましょう。

それではこれを持ちまして、いったんお開きにいたします。二次会に行く人はよく気をつけて事故などないようにしてください。

では、恒例の一本締めで締めたいと思います。

顧客向けイベント

お客様や取引先関係者との交流を図るイベントや式典、パーティなどもよく行なわれるでしょう。

ここでは「自店の開店祝い」「自店の新装開店記念パーティ」での店長としての挨拶と謝辞、そして「取引先の開店祝い」での来賓としての祝辞を例としてあげます。

自店の祝いごとの場合は、なによりも参加してくださった顧客や関係者に対するおもてなしと感謝の気持ちを謙虚に表わすことが、スピーチの目的となります。そのうえで、仕事に対する意欲を示し、今後の応援、お引き立てをお願いします。

招かれた場合には、主催者への感謝とお祝いの気持ちをしっかりと伝えます。来賓としての祝辞は、他の参加者の代表という面もあるので、自分のことばかり話さないような気配りもできれば、周囲の人たちからも喜ばれるでしょう。

いずれにしても、周囲の人たちとの強い人脈、人間関係づくりの場であることを意識して、誠意ある態度と内容を心がけてください。

顧客向けイベント 1

開店祝いの挨拶

皆様、本日はお忙しいなか、また遠方からもおいでいただきまして、心よりお礼申し上げます。当店舗にて店長を務めさせていただくことになりました、酒井博美でございます。どうぞ、よろしくお願い申し上げます。

私ども、株式会社ラブリーグッズは昨年創業したばかりの会社でございます。これまでネット通販でお客様に商品をお届けして参りましたが、この度、念願かなってこの地に店舗を開設することができました。これもひとえに、お客様、またお取引先の皆様、ご協力くださいました皆様のおかげと感謝いたしております。

お店におきまして、お客様と直接お会いできることは、大きな喜びでもあり、励みでございます。お客様の生のお声を伺い、それによってネット通販も一層充実させ、より多くのお客様のお役に立てるように努めて参ります。従業員一同、誠心誠意頑張って参りますので、どうぞよろしくお願い申し上げます。

顧客向けイベント 2

新装開店記念パーティの挨拶

皆様、本日はお忙しいなか、このようにたくさんの方にお集まりいただき、ありがとうございます。店長の中島直樹でございます。皆様のおかげでこの度、リニューアルオープンすることができまして、本当にありがたいことと感激しております。

思い起こしてみますと、ここに店舗を構えたのが8年前になります。その頃はまだ駅前も今のように賑やかではなく、また、私どもも何かと不慣れで不安なスタートでした。しかし、それでもなんとかここまで続けて来られ、売場を広げてのリニューアルオープンができたことは、お客様、そして支えてくださった皆様のお力添えのおかげです。

明日から、新たな店で仕事をするわけですが、初心に返ると共に、さらにご満足いただけるように努めて参ります。

本日は、ささやかではございますが、お礼ができればと願っております。それでは、どうぞ今後ともよろしくお願いいたします。

顧客向けイベント 3

取引先開店の祝辞

この度は新たなサロンのご開店、おめでとうございます。また、このような記念すべき会にお招きいただきまして、ありがとうございます。

社長の谷沢様には公私にわたり、大変お世話になっております。谷沢様の新店舗を開こうとのお考えはかねてより伺っておりまして、それがいよいよ実現したかと、私も自分のことのように喜んでおります。お集まりの皆様も楽しみにされていたことと存じます。

また、店長には武藤さんが就かれるとのこと、おめでとうございます。5年前に入社された時は初々しかった武藤さんが、今や店長とはと驚いておりますが、仕事を覚えるため人一倍頑張ってこられた武藤さんであれば、新しいお店も立派に運営されることと思います。

私どもも微力ではございますが、精一杯応援し、ご協力して参りたいと考えておりますので、これからもどうぞよろしくお願いいたします。

これからのご発展をお祈りして、ご挨拶とさせていただきます。

披露宴の祝辞

多くの若いスタッフや関係者とお付き合いをしていると、結婚式や披露宴などに招かれることも少なくないと思います。時には店長、上司という立場でスピーチを求められることもあるでしょう。そういうスピーチを頼まれたら、それは周囲から信頼、尊敬されている証ですので、名誉なこととして快く引き受けましょう。

その際に気をつけなければならないのは、お祝いの気持ちを伝えることはもちろんですが、聞き手は新郎新婦や仕事仲間だけでなく、両家の親族や恩師、恩人などさまざまな人であるということです。内輪話ではなく、誰もが気持ちよく聞ける内容を考えましょう。

新郎または新婦の人柄や仕事上の有能さなどを具体的に伝えるエピソードを入れると、話がイキイキとしたものになります。

「切れる、割れる、別れる」などの縁起の悪い忌み言葉は禁句なので注意してください。

ここでは「新郎、新婦のどちらかが店のスタッフの場合」そして「スタッフ同士の職場結婚の場合」をあげました。

披露宴の祝辞 1

新郎側上司としての祝辞

大木君、優子さん、ご両家の皆様、本日はおめでとうございます。このような席にお招きいただき光栄に存じます。マイワールド東京店店長の吉井正明と申します。

今、3年前、大木君が入社した時のことを思い出していました。彼がうちの店に配属されて1週間目のことです。常連のお客様がいらっしゃった時、「店長、中山様がお見えです」と、お客様のお名前を言うのです。これには驚きました。大木君は、私とお客様の会話を以前に一度聞いてお名前を覚えたそうで、これは本当にやる気のある新人だ、と感心いたしました。

そんな大木君に人生のパートナーができ、私も本当にうれしいです。

優子さんにお願いです。大木君は、まじめで仕事熱心ですが、少し頑張り過ぎるところもあるので、家ではリラックスさせてあげてください。

お2人がいつまでも仲よく温かい家庭を築かれますよう、私たちも心より願っております。本日は誠におめでとうございます。

披露宴の祝辞 2

新婦側上司としての祝辞

秀雄さん、恵子さん、ご両家の皆様、本日はおめでとうございます。私は恵子さんの職場であるライフショップ大阪店で店長を務めております、堀部文江と申します。一言、ご挨拶とお祝いの言葉を述べさせていただきます。

恵子さんは、店のスタッフとして働きはじめてからまだ2年ちょっとですが、仕事が早く、お客様からの信頼も厚いので、店にとってなくてはならない人です。ですので、恵子さんがご結婚後もお仕事は続けられるということでスタッフ一同、喜んでおります。

秀雄さんとしては、恵子さんを24時間独占したいというお気持ちだと思いますが、ご理解いただけますよう、どうぞよろしくお願いいたします。だんな様のサポートで、恵子さんはますます、家庭でも職場でも、輝いていかれることと思います。

恵子さんも、秀雄さんのお仕事のよき理解者となって、お2人で力を合わせて、明るいご家庭をつくってください。どうぞ、いつまでもお幸せに！

披露宴の祝辞 3

職場内結婚での祝辞

岩木昌雄さん、新婦の智子さん、そしてご両家の方々、この度のご結婚、本当におめでとうございます。東京堂本店店長の工藤康隆と申します。新郎新婦の職場を代表いたしまして祝辞を述べさせていただきます。

実は、お2人から結婚するという話を聞き、本当に驚きました。日頃からスタッフとのコミュニケーションには努めていたつもりだったのに、2人が交際しているとは夢にも思わなかったからです。そういう態度をまったく出さずに働いていたわけで「やられた！」といい意味でショックを受けました。

お2人の結婚は、私たちにとっても本当にうれしいことです。なによりも岩木君の仕事を誰よりも理解している智子さんが、これから家庭でも支えてくれるわけですから、岩木君はますます活躍してくれることでしょう。智子さんはいったん家庭に入られるわけですが、これからも私たちの仲間、スタッフの一員として末長くお付き合いをお願いします。

この度は本当におめでとうございます。

葬儀での弔辞

あって欲しくないことではありますが、葬儀の際の弔辞も責任ある立場としては押さえておかなければならないスピーチの場面です。

こうした場合は、故人を悼むと共に、遺族への慰めの気持ちも込めましょう。故人の人柄や仕事ぶりを称える思い出を述べると、残念に思う気持ちがより伝わります。

なお葬儀の席では、不幸が繰り返し起こらないようにとの願いから、同じ言葉を二度繰り返すことを忌み言葉として避けます。「くれぐれも」「重ね重ね」「返す返すも」などがこれにあたりますので注意しましょう。

また、仏教以外の形式では仏教用語を用いないようにすることにも注意が必要です。例えば「ご冥福をお祈りします」はキリスト教式では用いられず、「安らかな眠りにつかれますようお祈りします」と言います。儀式に臨む前に必ず確認してください。

ここでは「同僚」「後輩」「上司」、それぞれが亡くなった場合についての例をあげます。

葬儀での弔辞 1

同僚への弔辞

ここに、伊藤香さんの霊にお別れを申し上げます。

香さん、あなたと同期としてこの会社に入り5年が過ぎました。配属されたお店は違ってもずっと一緒に過ごしてきました。あなたがいないということが、まだどうしても信じられません。

同期とはいえ、香さんはとてもしっかりされていて先輩のようでした。一緒に新人研修を受けた時も、同じ年に共に店長になってからも、わからないことや悩みがある時、とても頼りになる存在で、周囲の皆さんからも、お客様からも愛され親しまれてきたと思います。

たくさんの人に囲まれ、短くても素敵な人生を送ってきた香さんは、私たちにもたくさんの素敵な思い出を残してくれました。私たちはあなたのことを、いつまでも忘れません。そして、香さんの分も、これから一所懸命頑張っていきます。

思い出は語り尽くせませんが、これをもちましてお別れの言葉とさせていただきます。

葬儀での弔辞 2

後輩への弔辞

山中太郎君。ここに謹んで哀悼の意を表します。

若くて、元気で、そして可能性に満ち溢れていた君が、突然このようなことになるなどとは、本当に思いも寄りませんでした。店の誰もが、呆然としていまだに、何か夢でも見ているような気さえします。

山中君は、入社した時からひと際目立つ存在でした。何かと先輩や上司に頼る新人が多いなか、山中君はわからないことはなんでも自分で調べる、自分で試してみる、という姿勢で仕事に取り組んでいました。またプライベートでもスポーツに語学にと、自己研鑽に励んでいたそうですね。そんな山中君を失ったことは我が社としても本当に、大きな痛手であります。ご家族の無念も、いかばかりかと思うとなんとも申し上げる言葉もございません。

これから私どもは、山中君のような可能性に溢れた素晴らしい社員がいたことを忘れることなく、いつでも彼に恥ずかしくないような仕事をして参りたいと存じます。

どうぞ、安らかに眠ってください。

葬儀での弔辞 3

上司への弔辞

野中専務のご霊前に、謹んで弔辞を捧げます。野中専務、突然のことで、私たちは本当に申し上げる言葉もございません。

入店してすぐ、専務にお会いした時、最初は優しそうな人だなあ、と思いました。実際、仕事に慣れない私たちによく声をかけて励ましてくださいました。

しかし、厳しい面もありました。ある時、私たちがみんなで新人スタッフの仕事は雑用ばかりだ、と愚痴をこぼしていました。そうしたら専務が、厳しい口調で「仕事に雑用はない、なんでも雑にやれば雑用になってしまう。お前たちは雑用しかできないのか」と言われたのです。私はこの言葉をそれ以来心に刻み、自分が店長になってからも、新人に同じように言っています。

もっとこうしたご指導をいただきたかったのに、本当に残念でなりませんが、これからも野中専務の言葉を忘れず、社員、スタッフ一同、力を尽くして参るつもりでおります。

長年のご指導ありがとうございました。謹んでご冥福をお祈りいたします。

スピーチは経験を積めばうまくなる

店長として仕事の場以外でスピーチを求められる場面を5つ選び、それぞれに3つのスピーチ事例をあげてきました。

これ以外の場面についても、ここであげたスピーチを参考にし、応用して考えることができます。

いずれにしてもポイントは、その場の趣旨に合わせ、また聞き手への敬意を表した内容、言葉遣いにすること、そして適度なフォーマル感を保つことです。

こうしたスピーチはベテランになればなるほど機会も増えてきますから、若いうちから積極的に取り組んでいきたいものです。

✧おわりに

「朝礼が変わったら、職場が変わった、みんなが変わった！」

多くの企業、店舗でこうした驚きの声を聞くことがあります。朝礼をもっと有意義な時間にしたいという高い意識を持った店長、リーダー、そしてスタッフが工夫と努力を重ねていくと、いつの間にか大きな変化が訪れるのです。

変わるのは朝礼だけではありません。報告、連絡、相談が迅速、的確にできるようになったり、会議での発言も積極的になったり、また難しいお客様への対応も自信を持ってできるようになるなど、朝礼効果はさまざまな場面で現われます。朝礼という機会によって、スタッフ一人ひとりのコミュニケーション能力が向上するのです。

もちろん、それだけの効果は簡単には得られません。朝礼に参加するすべての人、特に店長やリーダーが「まず自分が変わろう！」と決意し、粘り強く続けることが欠かせません。

本書を読んで、「よし、やってみよう！」と決意されたら、ぜひ、1回、1回の朝礼を大切に、長期的な視野で取り組んでください。掲載した内容を活用されれば、どんな時でも「話のネタがない」と困ることはないはずです。

本書が皆様のお店、職場の発展に役立つことを祈っています。

著者略歴

大嶋利佳（おおしま りか）
株式会社スピーキングエッセイ取締役講師代表
1960年生まれ。研修講師としてスピーチ・プレゼンテーション研修、管理職研修、職場内講師養成研修などを担当。幅広い分野で職場のリーダー育成に努める。執筆業としても活動し、30冊以上のビジネス書籍を刊行。雑誌記事の執筆監修も多数行なっている。
主な著書に『ビジネススピーチと挨拶　そのまま使える全文例&言い換えフレーズ例』『また絶対にこよう！と思われる接客のマナー』（共著　共に秀和システム）などがある。
大嶋利佳オフィシャルサイト　http://www.ohshima-rika.info

大嶋友秀（おおしま ともひで）
株式会社スピーキングエッセイ代表取締役
1959年生まれ。研修講師としてスピーチ・プレゼンテーション、ファシリテーションなどビジネスコミュニケーションに関する幅広い研修を企画、実施。国際的スピーチ教育機関トーストマスターズ会員としても活動し、同クラブが主宰する全国規模でのスピーチコンテストにおいて30回以上入賞、優勝の実績を持つ。
主な著書に『すぐできる！論理的な話し方　話の組み立て方が上手になるＰＲＥＰ法の使い方』（日本能率協会マネジメントセンター）などがある。
大嶋友秀オフィシャルサイト　http://www.tommyoshima.com

株式会社スピーキングエッセイ　http://www.speaking-essay.com

執筆協力　関 和幸　http://my-stories.jp
取材協力　中島英登

スタッフのモチベーションがアップする！
繁盛店の店長・リーダーがしている朝礼のスピーチ

平成25年6月5日　初版発行

著　者 ―― 株式会社スピーキングエッセイ

発行者 ―― 中島治久

発行所 ―― 同文舘出版株式会社

東京都千代田区神田神保町1-41　〒101-0051
電話　営業03（3294）1801　編集03（3294）1802
振替00100-8-42935　http://www.dobunkan.co.jp

ISBN978-4-495-52341-1
印刷／製本：萩原印刷
Printed in Japan 2013